LES MONUMENTS
MÉGALITHIQUES

DE LA

LOZÈRE

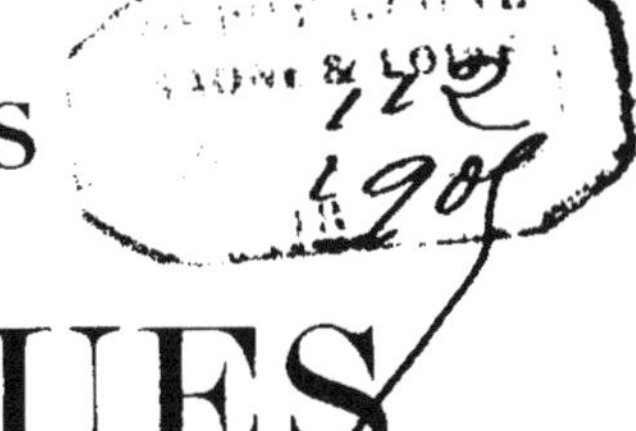

PAR

Adrien de MORTILLET

MEMBRE DE LA COMMISSION DES MONUMENTS MÉGALITHIQUES

Avec 39 figures dans le texte et 5 planches hors texte

PARIS

LIBRAIRIE C. REINWALD

SCHLEICHER FRÈRES, ÉDITEURS

15, RUE DES SAINTS-PÈRES, 15

—

1905

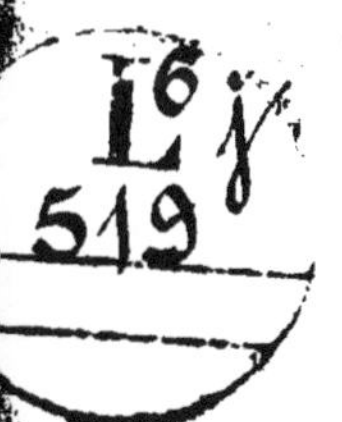

MONUMENTS MÉGALITHIQUES DE LA LOZÈRE

MACON, PROTAT FRÈRES, IMPRIMEURS

LES MONUMENTS
MÉGALITHIQUES

DE LA

LOZÈRE

PAR

Adrien de MORTILLET

Membre de la Commission des Monuments Mégalithiques

Avec 39 figures dans le texte et 5 planches hors texte

PARIS

LIBRAIRIE C. REINWALD

SCHLEICHER FRÈRES, ÉDITEURS

15, RUE DES SAINTS-PÈRES, 15

1905

LES MONUMENTS MÉGALITHIQUES
DE LA LOZÈRE

ALLENC

(Canton du Bleymard, arrondissement de Mende)

Un dolmen au lieu dit la Prade, sur le chemin dit de la Serre ou des Mulets au N.-N.-E. d'Allenc. Il se compose de deux grosses pierres plantées, entre lesquelles il y a un dallage. Ce dolmen est appelé le *Lit du Géant*. L'endroit où il se trouve portait déjà le nom de *Champ du lit du géant* (Liech del gean) au XVIᵉ siècle, ainsi que le montre un document datant de 1529. (Indication de Ferdinand André).

AUXILLAC

(Canton de La Canourgue, arrondissement de Marvejols)

On a indiqué 5 dolmens sur la commune d'Auxillac, près du village de Chardonnet. Ces monuments ont été étudiés et fouillés par L. de Malafosse. Ils étaient échelonnés sur un parcours d'environ 1.200 mètres, suivant une ligne orientée de l'E. à l'O., entre le village des Fons et celui de Cadoule, à la limite de la commune de La Canourgue. Quelques-uns d'entre eux doivent même appartenir à cette dernière commune. (L. de Malafosse : *Étude sur les dolmens du département de la Lozère*, dans les *Mémoires de la Société archéologique du Midi de la France*, 1869, tome IX, p. 262, et dans le *Bulletin de la Société d'agriculture*,

industrie, sciences et arts du département de la Lozère,
1870, p. 39).

Deux dolmens occupant le centre de ce groupe ont été
décrits par de Malafosse, sous les noms de grand et petit
dolmens du Chardonnet.

Grand dolmen du Chardonnet. — Ce dolmen était un
des plus remarquables du causse de Sauveterre, mais il a
été déplorablement mutilé en 1868. La Société d'agriculture de Mende en possède heureusement la photographie
avant la mutilation. De Malafosse, qui l'a mesuré, a donné
les chiffres suivants : dimensions intérieures de la chambre,
longueur 4 mètres, largeur 1m33 et hauteur 1m32;
dimensions de la table, 4m50 de long, 2m55 de large et
50 centimètres d'épaisseur. Depuis 1869, ce monument a
encore souffert. Il est aujourd'hui dans un triste état. De
la table réduite en morceaux, il reste entre autres deux fragments reposant sur les supports situés au N. et mesurant
ensemble 4 mètres de long sur 1m 80 dans leur plus grande
largeur. La chambre, de forme rectangulaire, a 3m90 de

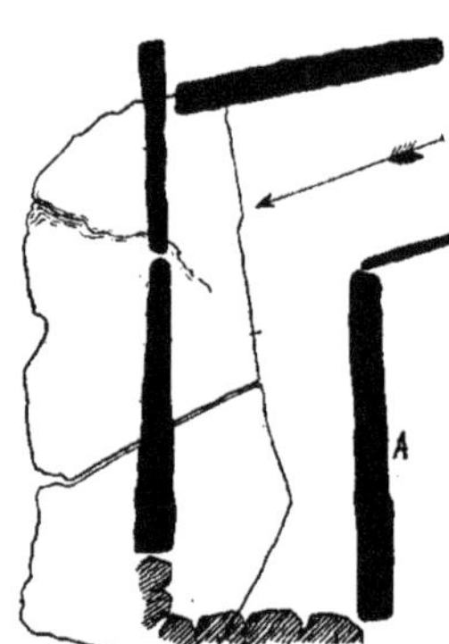

Fig. 1. — Plan du grand
dolmen du Chardonnet,
à Auxillac. Échelle:1/100.

longueur, de 1m 30 à 1m 33 de largeur en bas et 80 centimètres seulement de largeur en haut, les
supports étant assez fortement inclinés les uns vers les autres. Le support du fond, détruit, a été rem-
placé par un mur en pierres sèches,
construit probablement par les bergers qui fréquentent le causse. Un
petit vestibule latéral regardant le
S. indique l'emplacement de l'entrée.
Il mesure de 1m 22 à 1m 38 de large,
sur 66 centimètres de long. Le monument est encore un peu enterré,
ainsi que le prouve la hauteur au-
dessus du sol, du support A (Fig.1)
qui est intérieurement de 1m 75 et qui n'est extérieurement que de 1m 10. L'épaisseur des grands supports varie
de 13 à 24 centimètres ; celle des fragments de la table
est de 48 centimètres.

[Fig. 1, p. 6, et Planche I, Fig. 1].

Petit dolmen du Chardonnet. — Ce dolmen était orienté E.—O. Sa chambre mesurait 2ᵐ 80 de longueur sur 1 mètre de largeur. La table, affaissée, avait 2ᵐ 50 de long, 1ᵐ 80 de large et 33 centimètres d'épaisseur. (L. de Malafosse).

BALSIÈGES

(Canton et arrondissement de Mende)

Cette commune a de nombreux dolmens, fouillés par divers chercheurs. Prunières en a indiqué 10 dans une première liste et 11 dans une seconde (1876). Un seul de ces dolmens est situé sur la rive gauche du Lot, sur le causse de Sauveterre ; les autres, au nombre d'une dizaine, sont sur le causse de Changefége, rive droite du Lot. (*Bulletin de la Société d'agriculture, industrie, sciences et arts du département de la Lozère*, 1870, p. 39).

Dolmen de Bramonas. — Situé sur le causse de Sauveterre, au-dessus du village de Bramonas, rive gauche du Lot. Le quartier en tire son nom : *lou Géion* (le Géant) ; il avoisine à l'E. le domaine du Choisal. Près du dolmen et du côté de l'O. est une muraille qui sépare les terres du causse d'avec celles de Bramonas et sert de limite aux arrondissements de Mende et de Marvejols. La table en pierre calcaire, irrégulière, a, de longueur moyenne, 3ᵐ30, de plus grande largeur, 2ᵐ 80 et, d'épaisseur, 40 centimètres d'un côté et 37 centimètres de l'autre. Elle laisse à découvert environ 1ᵐ 30 de la galerie. La paroi du N. est formée de 3 pierres ayant une longueur totale de 4ᵐ 80 et 15 centimètres d'épaisseur. Celle du S., composée d'une pierre inclinée de 3 mètres de long, d'une pierre brisée de 90 centimètres et le restant de pierres par assises sur la longueur de 1 mètre, a en tout 4ᵐ90. De ce côté, le monument s'appuie sur le sol. L'entrée, tournée à l'O., est large de 1ᵐ 20. L'élévation est intérieurement de 55 centimètres à 86 centimètres, et extérieurement de 48 centimètres, au N. (Ignon : *Notice sur les monuments antiques du département de la Lozère*).

On aurait trouvé dans ce dolmen un caillou discoïde percé naturellement au centre et une hache en pierre polie, proposés au Musée de Saint-Germain en 1877.

Dolmens de Changefége. — Parmi les dolmens qui se trouvent sur le causse de Changefége, trois seulement ont encore leur couverture. Un d'eux a été fouillé par de Vibraye (*Matériaux pour l'histoire de l'homme*, t. III,

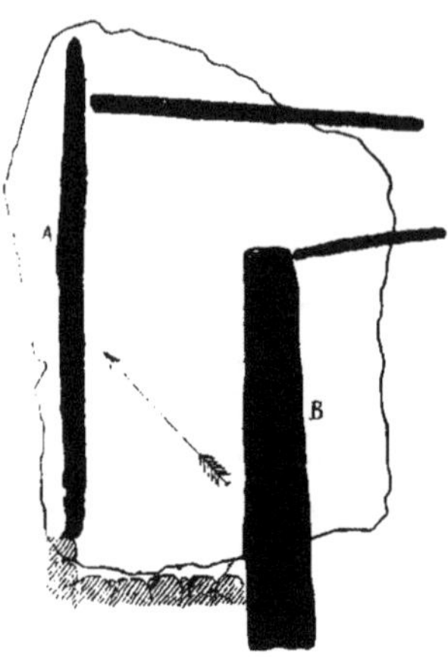

Fig. 2. — Plan du dolmen n° 1 de Changefége, à Balsièges. Échelle : 1/100.

1867, p. 230). D'autres ont été explorés par Émile de Moré (*Congrès archéologique de France*, 1857, p. 9). Dans le pays on les désigne sous le nom de *Baoumo des Geons* (Baume ou Grotte des Géants), *Teoulo de la Geonto* ou *Tioulo de la Geïonto* (Tuile de la Géante).

N° 1. — Le mieux conservé de ces monuments a livré à M. Brageon, économe de l'hospice de Mende, deux vases en terre grossière, une lame en silex et des perles en os. Ce dolmen appartient à Jean Bringer, de Changefége. Il est situé à 300 ou 400 mètres à l'O. du hameau de Changefége. Il est presque complètement enfoui dans son tumulus, que la table seule dépasse. Cette

Fig. 3. — Coupe transversale du tumulus et du dolmen n° 1 de Changefége, à Balsièges. Échelle : 1/100.

dalle mesure 4ᵐ 65 de longueur, 3ᵐ 40 de plus grande largeur et environ 60 centimètres d'épaisseur. Elle recouvre une chambre ayant les dimensions suivantes : longueur, 3ᵐ 90; largeur dans le bas, 1ᵐ 40 à 1ᵐ 42; largeur dans le haut, environ 70 centimètres, et hauteur moyenne, 1ᵐ 45. A l'extrémité N.-E. de la chambre est un couloir regardant le S.-E. et

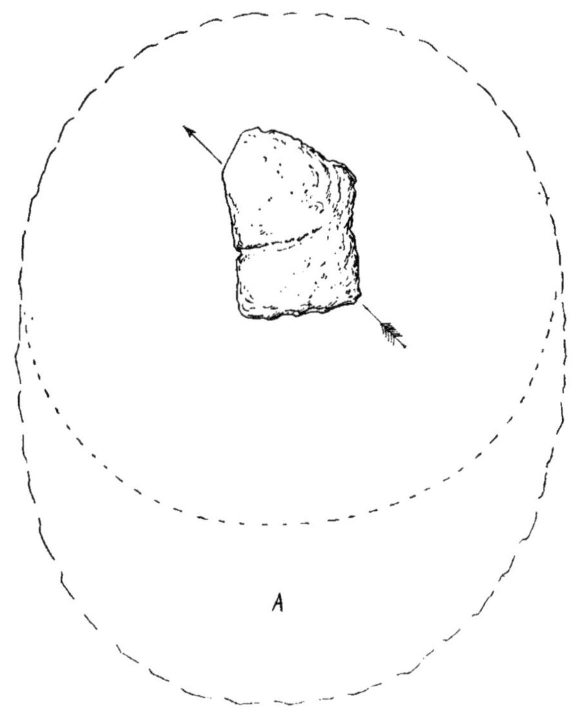

Fig. 4. — Plan du tumulus nº 1 de Changefége, à Balsièges. Échelle : 1/200.

mesurant environ 1ᵐ 50 de long sur une largeur de 1ᵐ 10 à 80 centimètres. Ce vestibule donne accès dans la chambre. Les supports des grands côtés de la chambre ont, le premier (A) : 4ᵐ 20 de long sur 16 centimètres d'épaisseur; le second (B) : 3ᵐ 45 de longueur et une épaisseur de 40 centimètres à un bout et de 58 centimètres à l'autre (Fig 2). Le tumulus devait primitivement être rond et mesurer à peu près 13 mètres de diamètre. S'il a aujourd'hui une forme ovale et si le dolmen n'est pas au milieu du grand axe, qui mesure environ 17 mètres, c'est que l'on a dû ajouter en A (Fig. 4) des débris provenant de l'épierrement des champs voisins.

[Fig. 2, 3 et 4, p. 8 et 9].

N° 2. — Dolmen situé à environ 300 mètres au N.-N.-E. du village de Changefége, au-dessus d'un reboisement, sur un contrefort du causse qui domine la vallée du Lot du côté de Mende. La chambre, qui a la forme d'un parallélogramme, mesure 4^{m}85 de longueur, 1^{m}20 de largeur et environ 1^{m}20 de hauteur. Le fond de la chambre est un peu ruiné, mais l'entrée, large de 1^{m}15, est encore très reconnaissable à l'angle S.-E. Le support A est cassé en deux et incliné à l'intérieur. De la table il ne reste qu'une portion, encore en place et mesurant : 3^{m}30 de longueur, 1^{m}90 de largeur et 55 centimètres d'épaisseur.

[Fig. 5, p. 10].

Les dolmens de Balsièges sont tous en calcaire.

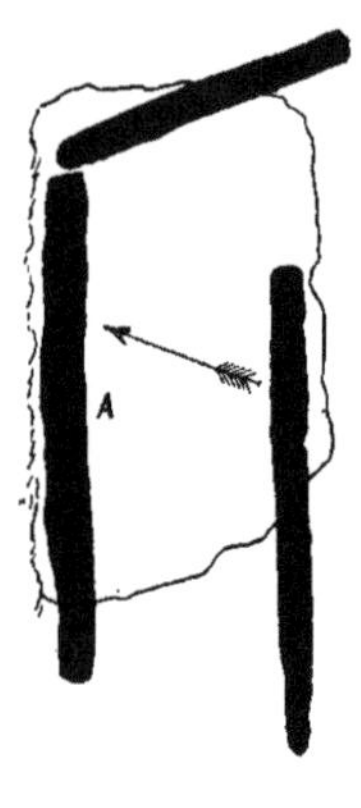

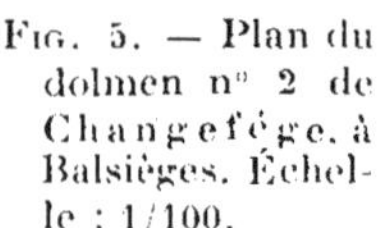

Fig. 5. — Plan du dolmen n° 2 de Changefége, à Balsièges. Échelle : 1/100.

BANASSAC

Canton de La Canourge, arrondissement de Marvejols)

A la Galline, sur le territoire du hameau de Grèzes, à un peu plus de moitié chemin entre Banassac et Grèzes, se trouve un dolmen d'assez grande dimension. Il repose sur le bord N.-E. d'un plateau situé à environ 150 mètres en contre-bas du causse de Sauveterre et dominant le Lot. Il est donc placé à peu près à mi-côte entre le fond de la vallée (altitude 520 mètres) et le sommet du cap que forme sur ce point le causse (altitude 882 mètres). La chambre de ce dolmen a 4^{m}10 de longueur, 1 mètre de largeur au fond, 1^{m}18 de largeur à l'entrée et 1^{m}24 de hauteur. La paroi N. est faite d'une seule dalle mesurant 4^{m}10 de longueur et de 22 à 32 centimètres d'épaisseur. La paroi S. est composée de deux supports de moindres dimensions. Le fond est fermé par un mur en pierres sèches. Une grande table, aujourd'hui brisée en 4 morceaux, recouvre le tout. Elle mesure encore près de 4 mètres de longueur, 2^{m}10 dans sa plus grande largeur et 36 centimètres d'épaisseur. Par suite du déplacement des supports du côté sud, qui penchent fortement

Fig. 7. — Coupe transversale du dolmen de la Galline, à Banassac. Échelle : 1/100.

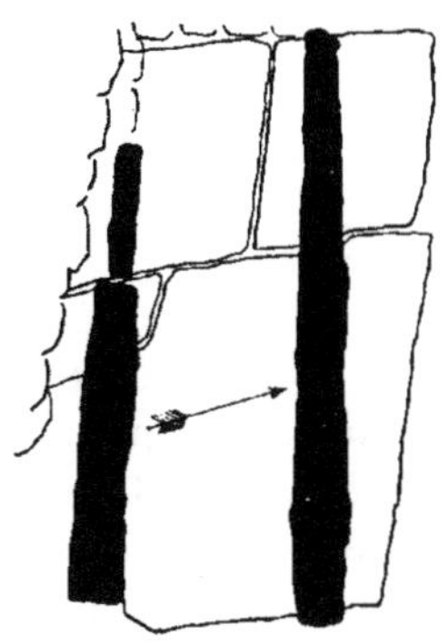

Fig. 6. — Plan du dolmen de la Galline, à Banassac. Échelle : 1/100.

vers l'intérieur, elle est inclinée dans la direction du S.-O. Ce monument est en partie enseveli sous un monceau de grosses pierres, appartenant au tumulus primitif ou déposées par les ouvriers qui ont défriché les champs d'alentour. Il est entièrement formé de dalles d'un calcaire très dur nommé dans le pays : *roquet*.

[Fig. 6 et 7, p. 11, et Planche I, Fig. 2].

Prunières a indiqué 3 autres dolmens, mais, si ces monuments sont les mêmes que ceux qui ont été signalés par Ignon, ce n'est pas sur la commune de Banassac qu'ils se trouvent ; ils doivent appartenir aux communes de Saint-Saturnin et de La Tieule.

BARJAC

(Canton de Chanac, arrondissement de Marvejols)

Le nom du hameau de Pierre-Fiche, sur le versant d'une croupe de montagnes, rappelle sans doute un ancien menhir. (Ignon : *Notice sur les monuments antiques et du moyen âge de la Lozère*. 1839).

BORN (LE)

(Canton et arrondissement de Mende)

Un dolmen, au lieu dit Mazel-Chabrier. (Indication de
Ferdinand André.)

CANOURGUE (LA)

(Chef-lieu de canton, arrondissement de Marvejols)

Trois dolmens ont été signalés sur la portion du causse
de Sauveterre dépendant de la commune de La Canourgue :
deux près de Cadoule et un à Conques, dans la direction
de La Capelle. Ce dernier était situé dans une métairie qui
appartenait à Mme la Rouverette, femme Puel. Sa table
mesurait environ 3 mètres de longueur sur 2 mètres de
largeur. (Ignon. 1839).

Dolmen n° 1 de Cadoule. — Ce dolmen est situé au
N.-N.-E. de La Canourgue et à l'O. du petit hameau de
Cadoule, sur un mamelon qui s'élève à la lisière du causse,
à gauche du chemin de La Canourgue à Cadoule, non loin
de cette dernière localité. La table manque. Il ne reste
actuellement que deux grands supports
d'une épaisseur moyenne de 28 centimètres, ayant l'un 2^{m}34 et l'autre
2^{m}50 de longueur, et distants entre eux
de 55 centimètres du côté de l'E. et de
70 centimètres du côté de l'O.
[Fig. 8, p. 12].

Dolmen n° 2 de Cadoule. — A 100 mètres à peine à l'E.-S.-E. du dolmen n° 1,
est un autre dolmen, également en mauvais état. Sa chambre, qui a 3 mètres de
long sur 1^{m}10 de large, est orientée E.-
S.-E. — O.-N.-O. La table a été dépla-
cée ; elle mesure : longueur, 3 mètres ; largeur, 2 mètres,
et épaisseur, 48 centimètres.

Fig. 8. — Plan du
dolmen n° 1 de
Cadoule, à La Ca-
nourgue. Échelle :
1/100.

L'*Inventaire de la Commission des monuments mégalithiques* porte pour la commune de La Canourgue 5
dolmens.

CAPELLE (LA)

(Canton de La Canourgue, arrondissement de Marvejols)

Il y a sur cette commune 2 ou 3 dolmens, fouillés, qui doivent être en partie détruits. (Prunières : *Distribution des dolmens dans le département de la Lozère*. 1873).

CHANAC

(Chef-lieu de canton, arrondissement de Marvejols)

« Le vaste territoire de Chanac, presque tout entier situé sur les causses, est riche en dolmens ». Prunières, auquel nous empruntons cette indication, en a fouillé plus d'une quinzaine : ceux du Sec au nombre de trois, les trois dolmens des Ayguières, celui du Cros aujourd'hui détruit, trois au Lieurans, un aux Fonds, un à la Rouvière, un au Royde, un à Poujous[1], etc. Il n'en cite qu'un sur la rive droite du Lot, au terroir des Plos, à 300 ou 400 mètres au plus de l'entrée de Chanac. C'est le seul qui soit dans la vallée. Les autres sont tous sur le causse de Sauveterre.

Dolmen de la Noujarède. — Entre Chanac et la Noujarède, à environ 1 kilomètre au N.-O. de cette dernière localité et 1 kilomètre à l'E. des Arts, situé dans un bas-fond au milieu d'un champ cultivé, se trouve le dolmen appelé par Prunières : dolmen de l'Aumède et auquel nous donnons le nom de dolmen de la Noujarède, afin qu'il n'y ait pas confusion avec les monuments plus rapprochés de l'Aumède. Ce dolmen, privé actuellement de sa couverture, est encore en partie enseveli dans un tumulus ovale, composé de pierraille et de terre, mesurant environ 11 mètres de long sur 7^{m}50 de large et près de 1^{m}50 de hauteur au-dessus du sol. La chambre, aujourd'hui encombrée de pierres, avait 1^{m}35 de hauteur à l'intérieur. Sa longueur est d'à peu près 7 mètres, sa largeur est de 1^{m}30 au S.-E. et de 80 centimètres seulement au N.-O. Chacune des parois latérales

1. *Poujans* sur la Carte de l'État-Major.

est composée de deux supports d'assez grandes dimensions. Leur longueur est de 2ᵐ 02, 2ᵐ 25, 3ᵐ 40 et 3ᵐ 70. Une cinquième dalle, longue de 2 mètres, placée obliquement par rapport au grand axe de la chambre, laisse sur le côté

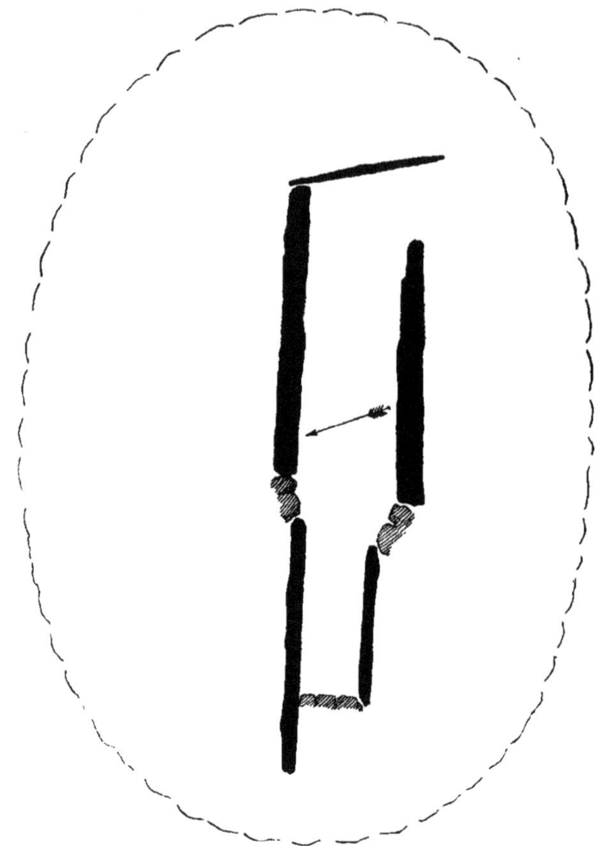

Fig. 9. — Plan du tumulus et du dolmen de la Noujarède, à Chanac.
Échelle : 1/100.

une entrée regardant le S., large de 92 centimètres. Le fond était primitivement fermé par un support qui n'existe plus Si le plan donné par Prunières est exact, cette chambre devait être, au moment des fouilles, plus régulière qu'elle n'est à présent. C'est peut-être par suite du déplacement d'un des supports, qu'elle paraît aujourd'hui plus étroite au fond que vers l'entrée.

[Fig. 9, p. 14].

Dolmen de l'Aumède-Bas. — Dolmen que Ignon signalait déjà en 1839 comme un des mieux conservés du département. Il est placé sur un sommet stérile qui domine le hameau de l'Aumède, à quelques centaines de mètres à l'O. de l'Aumède-Bas et au N.-O. de l'Aumède-Haut. Le quartier, borné à l'E. par le village de l'Aumède, au midi par *lou Serre del Pi* (la Montagne du Pin), au S.-O. par le village

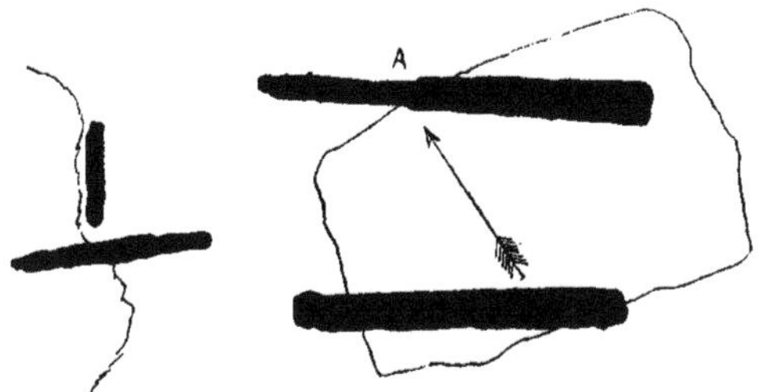

FIG. 10. — Plan du dolmen de l'Aumède-Bas, à Chanac. Échelle : 1/100.

du Sec et au N.-O. par celui de la Noujarède, tire son nom de ce monument : *lou Geion* (le Géant). Une énorme table, mesurant 3^{m}12 de long sur 2^{m}10 de plus grande largeur et 60 centimètres d'épaisseur, recouvre une chambre en partie détériorée, qui devait avoir environ 4^{m}50 de longueur, 1^{m}40 de largeur moyenne et 1^{m}30 de hauteur à l'intérieur. Le fond de ladite chambre devait être recouvert d'une seconde table qui a été détruite. Il ne reste que quatre supports, dont les deux plus gros, qui soutiennent la table encore en place, mesurent l'un 2^{m}62 et l'autre 3^{m}15 de longueur, avec une épaisseur de 15 à 30 centimètres. Le support A est assez fortement incliné vers le support qui lui fait face, qui est lui-même un peu incliné, de sorte que la chambre n'a plus que 42 centimètres de largeur dans le haut.

[Fig. 10, p. 15, et Planche II, Fig. 1].

Dolmen de l'Aumède-Haut. — A environ un demi-kilomètre au S.-O. de l'Aumède-Haut, est un dolmen en assez mauvais état, dépourvu de sa table. Deux supports, mesurant l'un 2^{m}25 de long sur 8 à 9 centimètres d'épaisseur et l'autre 2ᵐ68 de long sur une épaisseur de 18 à 20 centimètres, sont plantés parallèlement à 80 centimètres l'un de l'autre. A l'extrémité N.-E. de la galerie qu'ils forment, est un troisième support de 1ᵐ50 de long sur 8 centimètres d'épaisseur, planté obliquement de manière à laisser un passage entre lui et un des supports parallèles. Cette entrée a 1ᵐ30 de largeur et regarde l'E.-S.-E. La chambre devait avoir, intérieurement, au moins 1ᵐ15 de hauteur.

|Fig. 11, p. 16].

Fig. 11. — Plan du dolmen de l'Aumède-Haut à Chanac. Échelle : 1/100.

Grand dolmen de la Rouvière. — Ce monument est situé sur une hauteur, entre le Sec et la Rouvière. Il est aujourd'hui incomplet. De la table, il ne reste d'à peu près en place qu'un fragment ayant 1ᵐ25 de long sur 1ᵐ20 de large (A). D'autres débris (B, etc.) gisent autour du dolmen.

Les deux grands côtés de la chambre sont formés par deux supports de 24 à 32 centimètres d'épaisseur, dont le premier, placé au S., mesure 2ᵐ54 de longueur sur 1ᵐ18 de hauteur hors du sol, et le second, celui du côté N., 2ᵐ75 de longueur sur 1ᵐ30 de hauteur dans l'intérieur de la chambre. A l'extrémité E., sont plantées deux pierres en biais qui forment un vestibule de 90 centimètres de largeur, dont l'entrée regarde le S.-S.-E. Ces pierres ont, l'une, 2ᵐ42 de long et de 24 à 27 centimètres d'épaisseur, l'autre, 1 mètre de long et 12 centimètres d'épaisseur. La chambre a les dimensions suivantes : largeur, vers l'entrée, 1ᵐ08 ; vers le

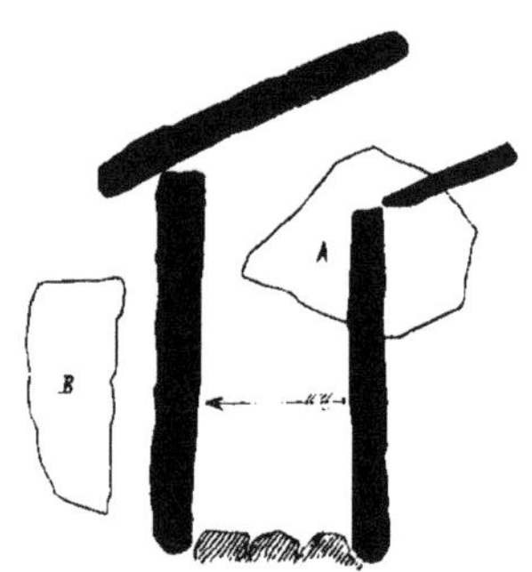

Fig. 12. — Plan du grand dolmen de la Rouvière, à Chanac. Échelle : 1/100.

fond, 1ᵐ18 ; longueur, au S., 3ᵐ20, et au N., 2ᵐ75 ; hauteur, 1ᵐ20. La largeur, qui est dans le bas de 1ᵐ10 vers le milieu de la chambre, n'est plus que de 32 centimètres dans le haut, les deux grands supports étant fortement inclinés l'un vers l'autre. La longueur de la chambre devait être autrefois moindre, la dalle qui la fermait à l'O. ayant été enlevée. L. de Malafosse a donné en 1869 les chiffres qui suivent : longueur au N., 2ᵐ 45 ; au S., 2ᵐ 82. (L. de Malafosse : *Etude sur les dolmens de la Lozère*).

Ce dolmen est encore en partie enveloppé dans un tumulus de forme ovale, composé de terre et de pierres.

[Fig. 12 et 13, p. 16 et 17].

Dolmen de la Rouvière, nº 2. — A l'E. du grand dolmen et à quelque distance au N. de la Rouvière, se trouve un deuxième dolmen presque complètement détruit. Ce dolmen occupe le centre d'un tumulus rond, de 15 mètres de diamètre. Il ne reste que quelques supports. Deux d'entre eux, mesurant

Fig. 13. — Coupe transversale du grand dolmen de la Rouvière, à Chanac. Échelle : 1/100.

2ᵐ 48 et 2ᵐ 70 de longueur et ayant 16 et 20 centimètres d'épaisseur, sont plantés à 1ᵐ 20 l'un de l'autre. A 23 centimètres de celui qui est situé au S.-O. se voit un troisième support long de 3 mètres et épais de 12 à 20 centimètres (Fig. 15). Contre la paroi extérieure du support N.-E., sont placées perpendiculairement deux pierres parallèles de plus petites dimensions et distantes entre elles de 1ᵐ 55, qui semblent avoir formé un caisson plaqué contre un des côtés de la chambre du dolmen. Dans le tumulus, autour du dolmen, on remarque plusieurs tombelles, dont quelques-unes paraissent avoir été fouillées. Ce sont des petits coffres en forme de rectangles allongés, composés de plaques de calcaire de 5 à 6 centimètres d'épaisseur. Un d'eux, situé au S. du dolmen (B, Fig. 14), n'a d'apparentes que deux pierres placées à angle droit (Fig. 16). Au N.-E. du dolmen, on en voit un autre composé de trois pierres formant une caisse de 24 centimètres de large et 50 centimètres de longueur ; mais la longueur était peut-être plus grande, car le coffre n'est pas fermé à une de ses extrémités (Fig. 14 C et Fig. 17).

2

Au S.-S.-E. du tumulus et tangent à ce dernier, est une sorte de cromlech à peu près rond, mesurant environ 12

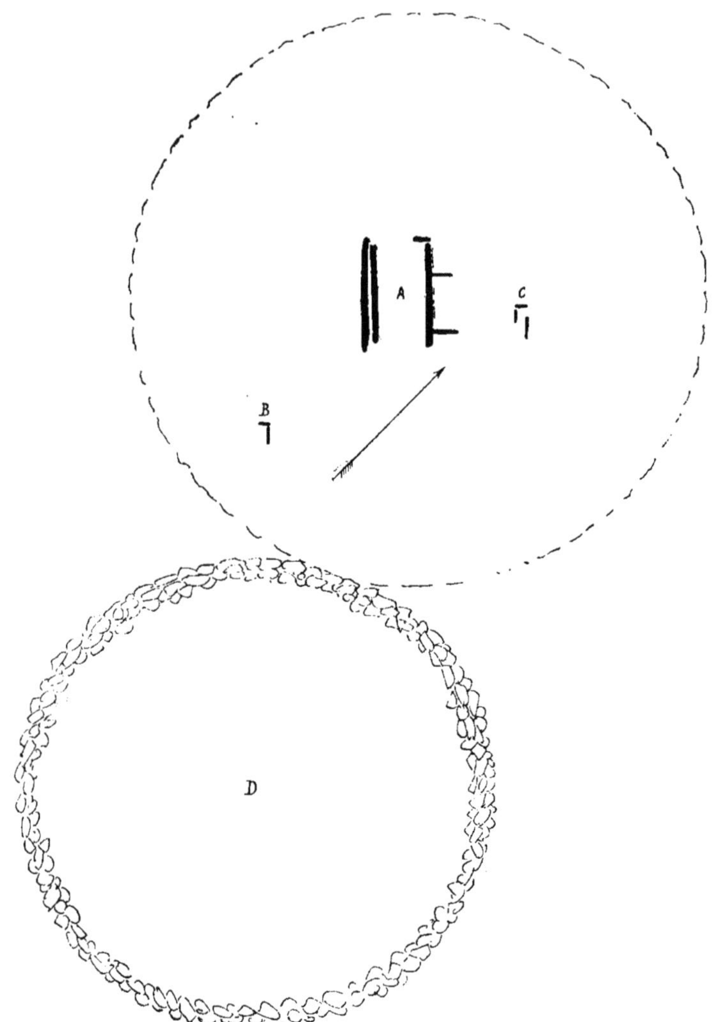

Fig 14. — Plan d'ensemble du tumulus et du dolmen n° 2 de la Rouvière, à Chanac. Échelle : 1/200.

mètres de diamètre et formé de pierres de petites dimensions posées à plat (D, Fig. 14). Cet arrangement est peut-être moderne ?

Le tout occupe le sommet d'un mamelon d'où l'on a une vue très étendue.

[Fig. 14, 15, 16 et 17, p. 18 et 19].

Dolmen du Sec. — Dans le voisinage du Sec, dolmen dont L. de Malafosse a donné les mesures. La chambre, orientée E.—O., a intérieurement 2^m20 de longueur, 1^m 02 à un

FIG. 15. — Plan du dolmen n° 2 de la Rouvière, à Chanac (A. de la figure 14). Échelle : 1/100.

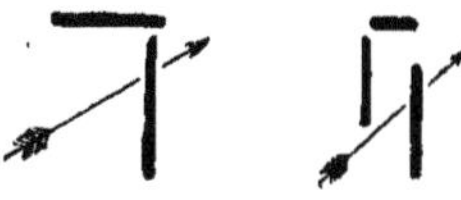

FIG. 16.   FIG. 17.

Plans des coffres du tumulus n° 2 de la Rouvière, à Chanac (B et C de la figure 14). Échelle : 1/100.

bout et 80 centimètres à l'autre de largeur, 80 centimètres de hauteur. Elle est recouverte d'une table ayant 2^m50 de long, 1^m55 de large et 33 centimètres d'épaisseur, sur laquelle on remarque une cuvette et des lignes en zig-zag profondément gravées en creux. L. de Malafosse croit, surtout pour la cuvette, que ces excavations sont simplement le résultat d'actions atmosphériques. (De Malafosse : *Élude sur les dolmens de la Lozère*).

Dolmen du Royde. — Au S. du Sec, à l'O.-S.-O. de la Rouvière, et à peu de distance au S.-E. du Royde, dolmen composé de dalles très régulières encore en grande partie enterré dans son galgal. Trois supports forment une chambre rectangulaire, ouverte à une des extrémités et mesurant : 2^m 30 de longueur

FIG. 18. — Plan du dolmen du Royde, à Chanac. Échelle : 1 100.

sur une largeur de 1^m 20 à 1^m 25. Les deux dalles des côtés ont, l'une 2^m 24 de long et 14 centimètres d'épaisseur, l'autre 2^m 62 de long et 20 centimètres d'épaisseur ; celle du fond a 1^m 10 de long et 6 centimètres d'épaisseur.

La table a été ébréchée ; un morceau important est encore en place. Il mesure 2^m 40 dans sa plus grande lon-

gueur, 1 ^m 70 de largeur maxima et 24 centimètres d'épaisseur.

[Fig. 18, p. 19].

Coffres du Royde. — A 12 mètres environ, au S.-O. du
dolmen du Royde, est un coffre ruiné. Il ne reste que trois
pierres en place ; elles forment un rectangle allongé de 1 ^m 80
de longueur sur 60 centimètres de largeur. La couverture a
disparu

[Fig. 19, p. 20].

Une seconde tombelle ruinée, du même genre, est située
à 25 mètres à peu près à l'E.-N.-E. du même dolmen.

Il y en a probablement d'autres dans le
voisinage.

Dolmens et coffres de Grand-Lac. — Au
S.-S.-E. du Royde, sur les confins des communes de Chanac et de Laval-du-Tarn, dans
une des parties les plus stériles du causse,
existe un groupe important de sépultures
mégalithiques, fouillées par le docteur Prunières et ruinées par ses ouvriers. Sur un
espace d'environ 50 mètres de longueur
sur 30 mètres de largeur sont réunies plus

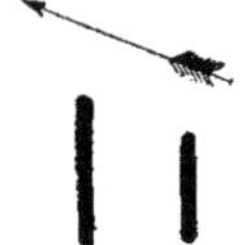

Fig. 19. — Plan
d'un coffre du
Royde, à Cha-
nac. Échelle :
1/100.

de 16 tombes de toutes dimensions (Fig. 20). La plus grande,
qui occupe a peu près le centre, est un dolmen dépourvu
actuellement de sa table et dont la chambre formée par 4
dalles, deux grandes et deux plus petites, mesure 2 mètres
de long sur 1 mètre de large (G). Un coffre situé à 4 mètres
à l'E. a ses grands côtés composés chacun de deux supports (I). Sa longueur intérieure est de 1 ^m 80 et sa largeur
de 80 centimètres. Un autre ayant une forme de trapèze (E)
a comme dimensions : 1 mètre de longueur, 70 centimètres
de largeur à une extrémité et 50 centimètres seulement à
l'autre. Parmi les plus petits caissons, nous en citerons
un qui n'a que 48 centimètres de largeur sur 80 centimètres de longueur (C).

Toutes les tombes de ce cimetière ont donné au D^r
Prunières les mêmes objets d'industrie que les dolmens
environnants. Une seule a livré du bronze, la dernière
sépulture du côté de l'O. Les autres sont de la pierre polie.

Autour de ce groupe, surtout au S.-O., sur la commune

de Laval-du-Tarn, il y a d'autres dolmens, à une faible distance.

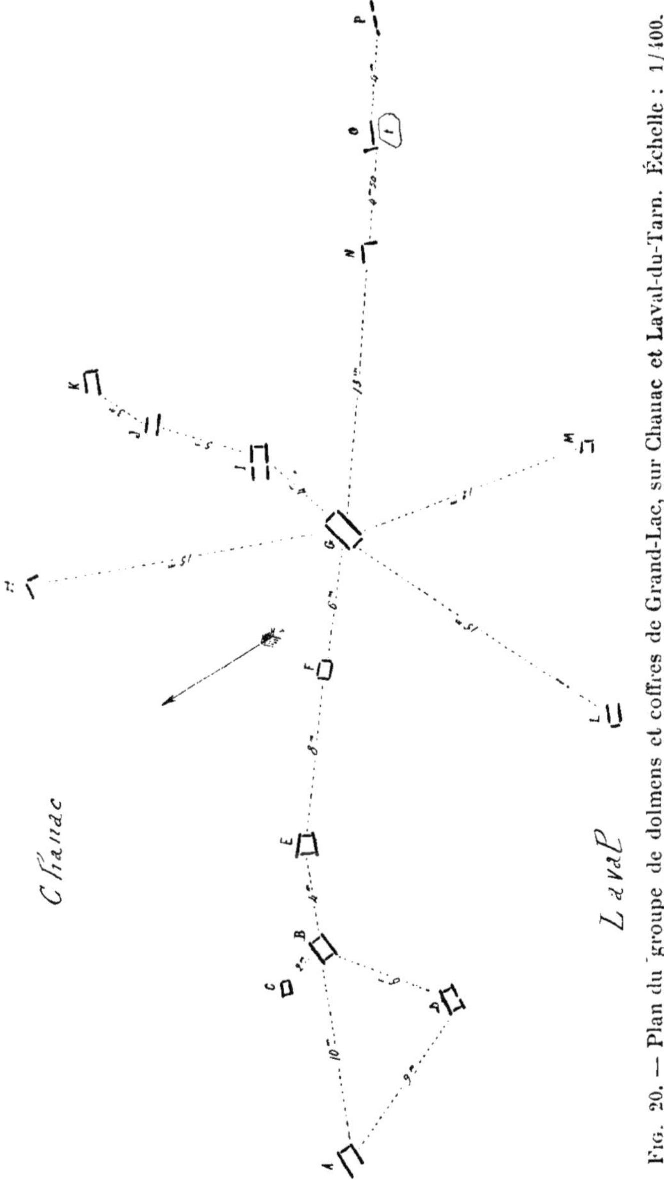

Fig. 20. — Plan du groupe de dolmens et coffres de Grand-Lac, sur Chanac et Laval-du-Tarn. Échelle : 1/400.

Dans tout le voisinage, aussi bien sur la commune de Chanac que sur celle de Laval, on rencontre de nombreux vestiges de dolmens. Toute la région comprise entre le Sec et Grand-Lac est d'ailleurs riche en monuments mégalithiques : dolmens et coffres en pierre, au milieu desquels se trouvent aussi des tumulus du premier âge du fer sans dolmens.

[Fig. 20, p. 21].

Dolmen du Cros. — Près du Cros-Bas, dolmen sous tumulus signalé en 1875 par Prunières.

Dolmen des Fons. — Ignon a décrit ce monument en 1839. Voici ce qu'il en dit : au hameau des Fons ou des Fonds, à 3 mètres de la route de Chanac à La Canourgue, est un dolmen. Il a été fouillé au commencement du XIXᵉ siècle. La table a été renversée. Elle a. d'un côté, 3 mètres de long et, de l'autre, 2ᵐ20, sur 1ᵐ05 de large et 39 centimètres d'épaisseur. Les supports sont encore droits. Un a 3ᵐ05 de long, l'autre 1ᵐ60. L'ouverture visant au N.-E. a dans sa plus grande largeur 1ᵐ59 et dans la plus petite 1ᵐ03. Ce qui reste du monument s'élève à 1 mètre au-dessus du sol.

Tous les dolmens de la commune de Chanac sont en calcaire.

Prunières a signalé à l'Aumède-Haut un menhir, nommé *le Géant*, sur lequel il ne donne pas d'indications précises.

CHASSERADÈS

Canton du Bleymard, arrondissement de Mende)

Deux dolmens fouillés (Indication de G. de Mortillet).

CHASTEL-NOUVEL (LE)

(Canton et arrondissement de Mende)

Un dolmen d'après l'*Inventaire de la Commission des monuments mégalithiques* (1880).

CHATEAUNEUF-DE-RANDON

Chef-lieu de canton, arrondissement de Mende)

A 200 mètres au N. du bourg de Châteauneuf-de-Randon, sur la même colline, pierre branlante nommée *le Soulier* à cause de sa forme. Elle mesure 2^m 60 de longueur, 1^m 90 de largeur et 1^m 70 de hauteur, et repose sur une autre pierre, plate. Le moindre effort imprime à ce bloc un mouvement d'oscillation qui dure assez longtemps. Il donne 40 oscillations par minute. (*Congrès archéologique de France*, 1857, p. 9, et indications de Roux, 1869).

[Planche V, Fig. 1. Cette figure est faite d'après un croquis signé C. D. qui appartient au Musée de Saint-Germain].

CHIRAC

(Canton de Saint-Germain-du-Teil, arrondissement de Marvejols)

Il y a, suivant Prunières, trois dolmens sur le territoire de cette commune.

Dolmen de Chirac. — Le plus beau et le mieux conservé du département de la Lozère. Il est situé à quelques

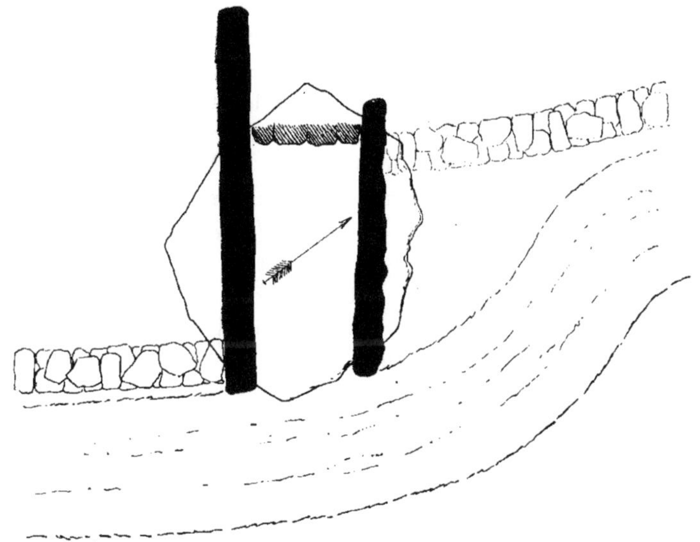

Fig. 21. — Plan du dolmen de Chirac. Échelle : 1/100.

centaines de mètres à l'O. de Chirac, entre le village et le Truc de la Fare, volcan éteint. On l'appelle dans le pays *Chazelle de Notre-Dame* (Petite Maison de la Vierge). La chambre de ce dolmen a les dimensions suivantes : hauteur, 1 ᵐ 50 ; longueur, 3 ᵐ 10, jusqu'au mur en pierres sèches qui la ferme au N.-O. ; largeur, 1 ᵐ 20 à l'entrée et 1 ᵐ 45 au fond ; dans le haut elle n'est plus que de 90 centimètres. Un des côtés est formé par un support de 3 ᵐ 45 de longueur, épais de 28 centimètres. L'autre, par une dalle de dimensions encore plus considérables : 4 ᵐ 80 de largeur et 38 centimètres d'épaisseur, fendue dans toute sa hauteur vers le milieu. Cette chambre est recouverte d'une énorme table, mesurant 3 ᵐ 90 de longueur, 3 ᵐ 10 de largeur, et 40 centimètres d'épaisseur maxima. Le monument est placé sur le bord d'un chemin. Deux murs en pierres sèches, qui s'appuient sur les parois latérales, bordent ce chemin. Les dalles qui composent le dolmen sont d'un calcaire assez dur, se conservant très bien.

[Fig. 21 et 22, p. 23 et 24, et Planche I, Fig. 3].

Fig. 22. — Coupe transversale du dolmen de Chirac. Échelle : 1 100.

Dolmen de Rodier. — A environ 1 kilomètre au N.-N.-O. de Chirac, en face du dolmen de Chirac, mais sur l'autre rive du ruisseau de Rioulong, sur la colline qui s'élève entre le ruisseau de Viouriègres et la Colagne, se trouve le dolmen connu sous le nom de *Chazelle de Rodier*, du nom du propriétaire. Ce dolmen, situé au milieu d'un champ au quartier de *Lacham*, est actuellement converti en cabane. Il ne reste du monument primitif que les deux grands supports des côtés. Celui du côté O. mesure 3 ᵐ 15 de long, 1 ᵐ 28 de hauteur et de 22 à 28 centimètres d'épaisseur. L'autre a 3 ᵐ 95 de longueur, 1 ᵐ 32 de hauteur et de 26 à 40 centimètres d'épaisseur. Tout le reste est de construction moderne.

La chambre a les dimensions suivantes : 3 ᵐ 20 de longueur, 1 ᵐ 40 de largeur au fond, 1 ᵐ 48 de largeur vers l'entrée, et une hauteur variant entre 1 ᵐ 30 et 1 ᵐ 75. Elle est couverte d'une dalle de 1 mètre de large et d'une voûte en encorbellement faite à sec avec des pierres brutes et reposant sur cette dalle ainsi que sur les supports. Le

fond est fermé par un mur en pierres sèches dans lequel
est ménagée une niche de 45 centimètres de hauteur, 43 de
largeur et 43 de profondeur. A l'autre extrémité, au S.,
on a construit un mur qui ne ferme qu'une partie de la
chambre et laisse vers la paroi du côté E. un passage,
véritable porte, haute de 1 m 40 et large de 65 centimètres,
dont le haut est couronné
par un linteau assez gros-
sier reposant d'un côté sur
le mur et de l'autre sur
un des supports. Dans
une échancrure de la dalle
qui forme la plus grande
partie de la paroi O., on
a ménagé une sorte de

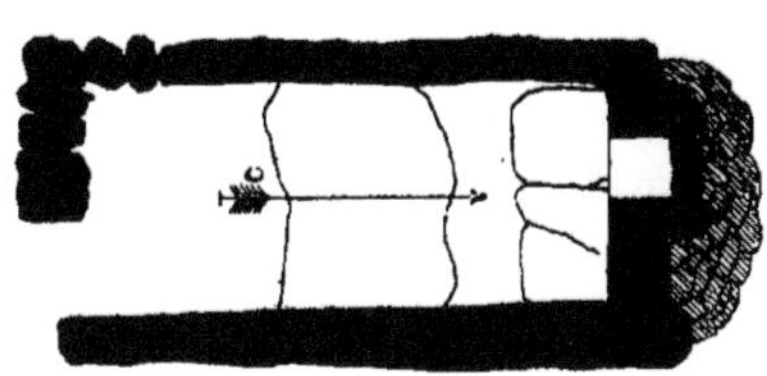

Fig. 23. — Plan.

Fig. 24.
Coupe longitudinale.

Fig. 25.
Coupe transversale.

Dolmen de Rodier, à Chirac. Échelle : 1/100.

fenêtre de 42 centimètres de haut sur 25 de large.

Les supports du dolmen de Rodier sont en calcaire dolo-
mitique, roche assez tendre et caverneuse. Ils présentent
de nombreuses excavations, dont quelques-unes traversent
complètement la pierre.

[Fig. 23, 24 et 25, p. 25, et Planche II, Fig. 2].

Il a été indiqué par Prunières un troisième dolmen, qui
serait dans le quartier de la Fare.

COCURÈS

(Canton et arrondissement de Florac)

Un dolmen inexploré sur le terrain communal qui domine
Cocurès.

On croit reconnaître des menhirs sur le plateau supé-
rieur. (Indications de Ferd. André).

CULTURES

(Canton de Chanac, arrondissement de Marvejols)

Près du hameau de Pommiers, au lieu appelé *lou Serre biel* (la Vieille Montagne), dolmen dont la table mesurait 3 ^m 74 de long sur 1 ^m 99 de large. Il a été fouillé en juin 1829. On y a trouvé une grande quantité d'ossements humains, quelques tessons de poteries grossières et de petits fragments d'anneaux en bronze. Le fond de la chambre était pavé. (Ignon).

ESCLANÈDES

(Canton de Chanac, arrondissement de Marvejols)

Deux dolmens sur le territoire du village des Crotes, au S.-E. d'Esclanèdes, un grand et régulier, l'autre petit. (Prunières).

Un dolmen près du village de Rocherousse; il couronnait la crête de la colline séparant le Lot d'un de ses affluents, la Jordane, sur un point appelé *Uël Bouguo* (la Borne de l'Œil). Un paysan du village en a enlevé les pierres.

A moins de 100 mètres de ce dolmen, dans un champ cultivé, à gauche de la route neuve d'Uël-Bouguo à Esclanèdes, est un tumulus du premier âge du fer fouillé par Prunières.

FAU-DE-PEYRE (LE)

(Canton d'Aumont, arrondissement de Marvejols)

Pierre branlante. (Joanne : *Géographie de la Lozère*).

FLORAC

(Chef-lieu d'arrondissement)

Sur la partie du causse Méjean appartenant à la commune de Florac, dolmen fouillé par M. Almeras, qui a offert les objets recueillis au Musée de Mende. (*Bulletin de*

la Société d'agriculture, etc., du département de la Lozère,
1863, p. 295).

GABRIAS

(Canton et arrondissement de Marvejols)

La liste de la Commission des monuments mégalithiques
indique deux dolmens sur cette commune.

GRANDRIEU

(Chef-lieu de canton, arrondissement de Mende)

Joanne indique à l'Église de Grandrieu une roche à bassin
creusé en forme d'auge et dédiée à Sainte Mène. (Joanne :
Géographie de la Lozère).

GRÉZES

(Canton et arrondissement de Marvejols)

Deux dolmens aujourd'hui détruits, le premier au quartier de Charnios, le deuxième près du village de Veyrac ou
Vayrac. (Prunières).

Alexandre Bertrand indique, d'après Prunières, huit dolmens sur cette commune, mais Prunières n'en donne que
deux dans sa liste de 1876.

HURES

(Canton de Meyrueis, arrondissement de Florac)

Huit dolmens d'après la première liste de Prunières,
point sur la seconde liste (1876).

Pourtant, il y aurait, suivant le curé du Mas-Saint-Chély,
plusieurs dolmens sur le territoire de cette commune, qui
occupe presque le milieu du causse Méjean.

D'après Ferdinand André, il existerait plusieurs dolmens
non loin et à l'O. du hameau de Drigas, entre Hures et La
Parade

Sur cette commune se trouve également une roche qui porte le nom caractéristique de *Peyre plantade* (Pierre plantée). (F. André).

LANUÉJOLS

(Canton et arrondissement de Mende)

A environ 10 kilomètres au S.-E. de Mende, au pied de la Montagne de la Lozère, sur un petit plateau boisé de 900 mètres d'altitude, deux dolmens découverts et fouillés par L. de Malafosse. Ce petit plateau, entièrement en calcaire, porte le nom *des Blachères*.

Le plus important de ces monuments est aujourd'hui dépourvu de sa table. Ses supports sont en calcaire magnésien amené de 400 mètres environ de distance. Ils forment une chambre de 2 m 80 de long sur 1 m 30 de large. Au S. est une petite cella de 1 m 20 de long sur 80 centimètres de large. La longueur totale du dolmen est donc de 4 mètres.

Le second dolmen se trouve à 150 mètres environ dans le prolongement S. du premier. Il était éboulé et ébréché, et mesurait 2 m 10 de long sur 85 centimètres de large.

Ces deux dolmens correspondaient dans leur axe à un troisième, situé sur une croupe voisine et détruit il y a une dizaine d'années. (L. de Malafosse : *Notice sur de nouvelles fouilles dans les dolmens de la Lozère*. 1872).

LAVAL-DU-TARN

(Canton de La Canourgue, arrondissement de Marjevols)

M. Jacques, maire de Laval-du-Tarn, comptait en 1866 au moins dix-huit dolmens dans cette commune, presque entièrement située sur le causse de Sauveterre.

Un dolmen, à gauche du chemin allant de Laval à Mende par Champerboux, dans les terres de Laval-du-Tarn, au lieu dit Combalès. (Jacques).

Un dolmen à l'angle N.-O. dudit devois de Laval appelé Combalès, à gauche, au haut d'un mamelon au pied duquel passe le chemin de Laval à Roussac, et situé à la limite de

la commune, à la pointe O. de l'angle que forme celle de
Sainte-Enimie par les terres du village de Roussac. (Jacques).

Deux dolmens environ à mi-distance de Laval à Lueysse
et tout près du chemin qui réunit ces deux localités, le
premier à gauche, le deuxième à droite, après l'embranche-
ment du chemin de Laval à La Canourgue. Deux autres,
moins importants, sont présumés exister auprès de
ceux-ci. (Jacques).

Un dolmen à l'E. de la ferme de Segondès, sur un tertre
dit *le Roubiau*, à droite du chemin allant de Roussac à La
Canourgue et passant au N. sur Segondès. (Jacques).

Trois dolmens aux environs du chemin allant de Montredon à Segondès, à peu près à mi-distance de ces lieux.
(Jacques).

Un dolmen et un autre présumé à 10 pas du chemin de
Montredon à Chaumels, commune de Sainte-Enimie, à mi-
distance de chacun de ces deux villages. (Jacques).

Un dolmen recouvert par un tumulus de 20 mètres de
diamètre, sur le pic élevé de Ransas, à l'O.-S.-O. de Laval.
(Prunières).

Un dolmen près du hameau de Boujassac, au N.-E. de
La Capelle. (Prunières).

Sur l'arête et les flancs de quelques monticules entre
Grand-Lac, commune de Laval, et La Rouvière, commune
de Chanac, se trouve un grand nombre de monuments
mégalithiques.

Parmi ceux qui appartiennent à la commune de Laval,
nous citerons : un dolmen à peu près complètement détruit,
au S.-S.-E. du Royde, presque à la limite de la commune
de Chanac, et les monuments qui suivent :

Dolmen de Grand-Lac, n° 1. — Chambre, dépourvue de
sa couverture, mesurant 2 mètres de longueur, 1 ^{m} 20 de
largeur à l'O. et 1 ^{m} 50 de largeur à l'E. Elle est composée
de trois supports, deux au S. et un au N. Les extrémités
sont fermées par des murs en pierres sèches. La petite dalle
placée dans l'angle S.-E. doit avoir servi à fermer l'entrée
du monument. Elle a 58 centimètres de long et 13 centimètres d'épaisseur. L'ouverture qu'elle bouche a 36 centimètres de largeur, ce qui est suffisant pour livrer passage
à un homme.

[Fig. 26, p. 30].

Dolmen de Grand-Lac, n° 2. — Dolmen, dont l'orientation est E.-O., situé sur le versant S. d'un petit monticule, au N.-N.-E. de Boujassac et au N.-O. de Montredon. La table a été cassée. Les deux supports des grands côtés, un peu affaissés, ont plus de 2 ^{m} 50 de long. Ils sont en grande partie enfouis dans le tumulus en pierres qui recouvrait tout le monument.

Dolmen de Grand-Lac, n° 3. — Ce dolmen, situé à peu de distance à l'E. de Grand-Lac, n'a plus sa table. La chambre, fermée au N.-O. par un mur en pierres sèches, mesure 2 ^{m} 20 de longueur sur une largeur de 1 ^{m} 10 au N.-O. et de 95 centimètres au S.-E. La paroi N.-E. ne comprend

Fig. 26.   Fig. 27.   Fig. 28.

Plan du dolmen n° 1.   Plan du dolmen n° 3.   Plan du dolmen n° 4.

Grand-Lac, à Laval-du-Tarn. Échelle : 1/100.

qu'un support de 2 ^{m} 35 de long et 22 centimètres d'épaisseur. Une dalle de 10 centimètres d'épaisseur et 97 centimètres de longueur occupe le S.-E. Au S.-O., un support de 1 ^{m} 75 de longueur et 10 centimètres d'épaisseur laisse la place d'une entrée latérale de 70 centimètres de large, fermée par une dalle épaisse de 8 centimètres et longue de 72 centimètres.

[Fig. 27, p. 30].

Dolmen de Grand-Lac, n° 4. — Non loin des monuments précédents, dans un tumulus, est un dolmen en mauvais état, assez semblable au n° 1, mais ayant un de ses côtés détruit. La chambre n'a plus sa couverture. Telle qu'elle est actuellement, elle mesure près de 2 mètres de longueur, 1 mètre de largeur à une extrémité et 74 centimètres à l'autre. L'entrée, qui se trouvait sur un des grands côtés,

était fermée par une petite dalle de 68 centimètres de longueur et 12 centimètres d'épaisseur encore en place.
[Fig. 28, p. 30].

En ajoutant aux monuments signalés par M. Jacques, ceux que nous avons relevés, on obtient un total d'au moins 20 dolmens pour la commune de Laval-du-Tarn.

MALÈNE (LA)
(Canton de Sainte-Enimie, arrondissement de Florac)

Un dolmen d'après la première liste de Prunières, point d'après la deuxième.

Suivant Joanne (*Géographie de la Lozère*), il y aurait des dolmens dans cette commune, qui s'étend en partie sur le causse Méjean et en partie sur celui de Sauveterre.

MARCHASTEL
(Canton de Nasbinals, arrondissement de Marvejols)

Un dolmen, appelé *la Palo del Trap*, sur le chemin d'Aubrac à Marvejols, montagne de M. Lazard, de Beurans. Il a été signalé par Ignon, et Prouzet en a parlé.

D'après F. André, il y aurait un ou deux dolmens sur une propriété de M. Saltête, de Marchastel.

MARVEJOLS
(Chef-lieu d'arrondissement)

Prunières a indiqué sur la commune de Marvejols cinq dolmens.

Il a fouillé au quartier du Poujoulet, à 2 kilomètres environ à l'E. de Marvejols, sur les confins de la commune de Montrodat, quatre dolmens auxquels il a donné les noms suivants : *la Cave aux Fées, le Rendez-vous de la Magie, le Repas des Magiciens* et *le Tombeau du Géant*. Le Rendez-vous de la Magie serait formé de deux dolmens réunis à angle droit. L'entrée des deux dolmens serait au N. et au sommet de l'angle ; le plus grand est orienté N.—S., le plus petit O. — E. On peut se demander si le plus petit n'est pas le vestibule et le plus grand la chambre d'un seul et même dolmen.

On voit du côté du Poujoulet, au N. et à peu de distance de la route de Marvejols à Mende, dans un petit vallon qui descend vers le Colagnet, à droite du chemin de grande communication n° 30, des dalles provenant probablement de dolmens ruinés, mais je ne sais si ce sont les restes des monuments fouillés par Prunières.

Quelques-unes de ces dalles sont encore plantées en terre et semblent avoir appartenu à un petit dolmen très détérioré, orienté S.-S.-E. — N.-N.-O. A une faible distance, une table de 1 ᵐ 80 de long sur 80 centimètres de large repose d'un côté sur un support de 1 ᵐ 70 de longueur et 10 centimètres d'épaisseur, et de l'autre côté sur un mur en pierres sèches qui sépare deux champs dans lesquels gisent de grandes pierres. Cet ensemble forme une sorte de chambre qui semble avoir été refaite récemment. [Fig. 29, p. 32].

Fig. 29. — Plan d'un dolmen. Le Poujoulet, à Marvejols. Échelle : 1/100.

Au N. de Marvejols, dans le quartier *du Géant*, il a dû y avoir au moins un dolmen détruit, ou inconnu. (Prunières).

MASSEGROS (LE)

(Chef-lieu de canton, arrondissement de Florac)

Il y a dans cette commune, surtout vers le village d'Inos, de nombreux dolmens. L'*Inventaire des monuments mégalithiques de France* en porte dix.

Le plus beau est situé au milieu d'une plaine très unie, tout près du village de Recoules de l'Hon, dans la partie la plus méridionale de la commune. Ce dolmen, qui est un des plus importants du département, appartient à M. Porquier, notaire. Il paraît avoir été entouré d'un cercle de grandes pierres dont il reste encore un échantillon. La table a été apportée d'assez loin. C'est un rectangle régulier de

5 mètres de long, 3 ^m 25 de large et 80 centimètres d'épaisseur.

A environ 200 mètres de ce grand dolmen, il en existe un plus petit. Les deux monuments ont été fouillés par Prunières.

On voit encore au moins trois dolmens, dont un assez beau sur le territoire appelé *la Dévèze de Recoules*. Un dolmen effondré est situé à l'union des dévèzes d'Inos, de Bombes et de Recoules. Il y en a un autre dans *la Dévèze d'Inos*. Non loin du village d'Inos, est encore un dolmen, situé à 4 ou 5 mètres d'un tumulus sans mégalithe.

En face du village lozérien de Recoules-de-l'Hon, s'élève le village aveyronnais de Novis, dont le territoire contient des dolmens. Un peu plus au N., sur la même frontière, se trouvent les dolmens aveyronnais de Sermeillets. (Prunières).

MENDE

(Chef-lieu du département)

Entre Mende et Chastel-Nouvel, sur un terrain appartenant au Dr Monteils, de Mende, est un dolmen dépourvu de sa table. (Indication de F. André).

MEYRUEIS

(Chef-lieu de canton, arrondissement de Florac)

Il y aurait, suivant Ferdinand André, plusieurs dolmens et plusieurs menhirs sur les portions du causse Noir et du causse Méjean qui appartiennent à la commune de Meyrueis.

MONASTIER (LE)

(Canton de Saint-Germain-du-Teil, arrondissement de Marvejols)

Tout près du village du Monastier, à l'O.-N.-O. de l'église et couronnant un petit plateau, se trouve, au milieu d'anciens murs en pierres sèches, un tumulus en pierraille qui recouvrait un grand et beau dolmen. Le tumulus avait environ 12 mètres de diamètre. Au centre est le dolmen, que les gens du pays appellent *la Tombe des Anglais*. De ce dolmen, fouillé et presque totalement détruit par le Dr Prunières, il ne reste que les deux supports des grands côtés

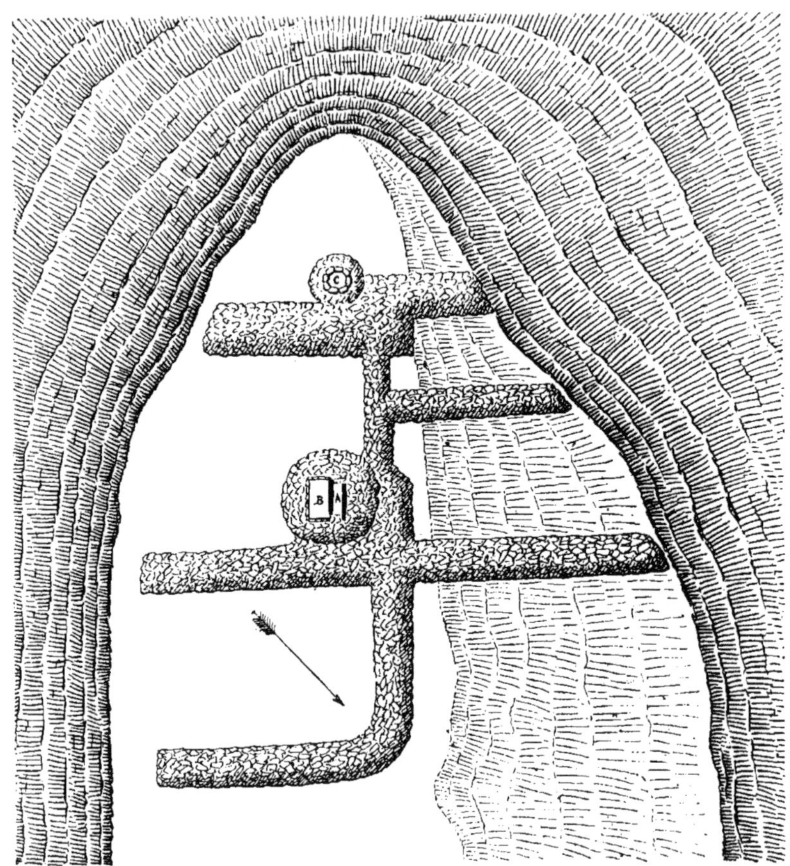

Fig. 30. — Plan d'ensemble du camp retranché du Monastier
Échelle : 1/1000.

(A). La table a été cassée. Les supports encore debout mesurent, l'un 3 m 36 de longueur, 1 m 54 de hauteur et de 28 à 42 centimètres d'épaisseur, l'autre 3 m 54 de longueur, 1 m 40 de hauteur et de 22 à 35 centimètres d'épaisseur. La chambre devait avoir 1 m 05 de largeur au S.-O., 1 m 28 de largeur au N.-E. et environ 4 mètres de long. Auprès du

dolmen, contre une de ses parois, est une enceinte rectangulaire entourée de petits murs à sec et faite, si je ne me
trompe, par les ouvriers qui ont pris part aux fouilles (Fig.
30. B).

Le sommet du cap, au centre duquel a été construit le
dolmen, est occupé par un camp retranché. On voit encore
un ensemble curieux de travaux de dé-
fense, qui se présentent aujourd'hui sous
la forme de levées de pierres disposées en
talus des deux côtés et mesurant de 5 à 7
mètres de largeur sur une hauteur d'environ 2 mètres. Mais ces matériaux devaient
anciennement former de véritables mu-
railles de 3 mètres à peu près d'épaisseur,
ainsi que semblent le démontrer les pare-
ments verticaux encore visibles par places.

A la pointe du cap est une petite enceinte circulaire de 2 mètres de diamètre
à l'intérieur, faite de grosses pierres brutes
posées à plat (C).

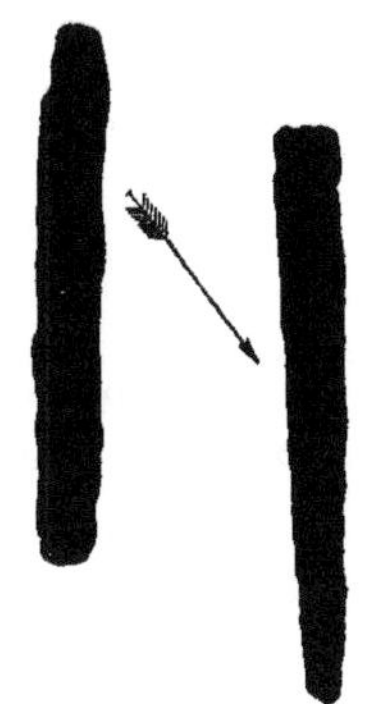

Fig. 31. — Plan
du dolmen du
Monastier (A
de la figure 30).
Échelle : 1/100.

Un peu au-dessous du camp, en descen-
dant dans la direction de la gare du Monastier, on remarque sur un point où la pente
est plus douce quelques tombelles sans couverture, dont
plusieurs pierres dépassent la terre. Les figures 32 et 33 représentent des plans des pierres visi-
bles de deux de ces tombes. La première mesure 1 ^{m} 15 de long sur
50 centimètres de large, la seconde
90 centimètres de long sur 46 de
large, mais ces tombes sont incom-
plètes. Les petites plaques dont
elles sont faites ont de 24 à 90

Fig. 32.   Fig. 33.
Coffres (D et E) du Monastier. Échelle 1/100.

centimètres de longueur et sont épaisses de 5 à 8 centimètres.

[Fig. 30, 31, 32 et 33, p. 34 et 35].

MONTRODAT

(Canton et arrondissement de Marvejols)

L'*Inventaire des monuments mégalithiques de France*
indique sur cette commune quatre dolmens.

PALHERS

(Canton et arrondissement de Marvejols)

Plusieurs dolmens sur le causse du Truc du Midi et sur le causse de Clugeans ou Clujons. L'*Inventaire des monuments mégalithiques de France* en porte trois. (Prunières).

PARADE (LA)

(Canton de Meyrueis, arrondissement de Florac)

Suivant le curé du Mas-Saint-Chély, il existe plusieurs dolmens fouillés sur le territoire de cette commune. Prunières en donne trois sur sa seconde liste.

PIERREFICHE

(Canton de Châteauneuf-de-Randon, arrondissement de Mende)

Menhir, à 1.400 mètres au N.-O. du village de Pierrefiche, sur un plateau. Bloc de granite en forme de cône tronqué, mesurant 2 ᵐ 50 de hauteur sur 2 ᵐ 60 de circonférence à sa base. Un trou au sommet fait présumer qu'on y a planté autrefois une croix.

Les figures que nous donnons représentent deux aspects de ce monument, d'après des croquis faits en 1869 par M. Roux.

[Planche V, fig. 2 et 3].

L'*Inventaire des monuments mégalithiques de France* indique aussi un dolmen sur cette commune.

PIN-MORIÈS

(Canton de Saint-Germain-du-Teil, arrondissement de Marvejols)

Près du village de Pin-Moriès, au lieu dit *lou Puech de l'Homé* (la Montagne de l'Homme), un dolmen fouillé par Prunières.

PRADES

(Canton de Sainte-Enimie, arrondissement de Florac)

Près du hameau de Chaldas, sur le causse Méjean, se trouverait un Tombeau de Géant couvert d'une grande pierre. (Indication de F. André).

PUYLAURENT

(Canton de Villefort, arrondissement de Mende)

Entre Puylaurent et le village de la Bastide, près du hameau du Thord, sur la route de Villefort à Langogne, à l'endroit appelé *le champ* ou *le plateau du Thord* et sur le lieu le plus élevé de ce plateau, se trouve un dolmen, connu dans le pays sous les noms de *Palet du Thord* ou *Palet de Gargantua*.

La table, qui repose sur les supports affaissés, mesure 3 mètres de longueur, 2^{m}50 de largeur et 30 centimètres d'épaisseur. Sur cette dalle, on a élevé une croix qui est actuellement brisée.

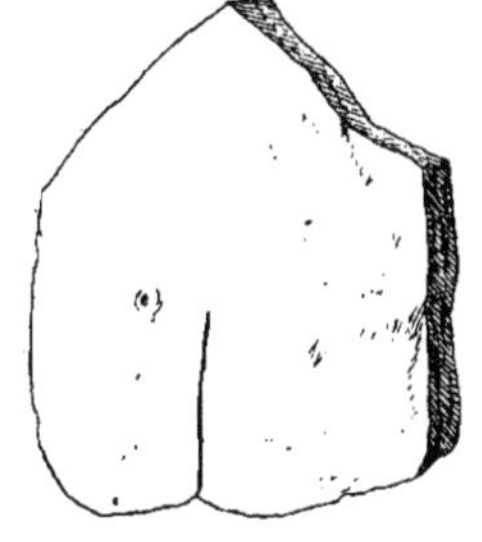

Fig. 34. — Table du dolmen du Thord, à Puylaurent (Vue du dessus). Échelle : 1/100.

Ce monument est en granite et repose sur un terrain schisteux. (Indications de F. André).
[Fig. 34, p. 37, et Planche II, Fig. 3].

RECOULES-D'AUBRAC

(Canton de Nasbinals, arrondissement de Marvejols)

Il y aurait, d'après l'*Inventaire des monuments mégalithiques de France*, un dolmen et un menhir sur cette commune.

RECOUX (LE)

(Canton du Massegros, arrondissement de Florac)

Prunières a fouillé six dolmens sur cette commune : quatre sur le terroir appelé Montgros, un au lieu dit le Grand-Clos et un près du hameau du Tensonnieu. Ce dernier, dont la table manquait, était enveloppé d'un tumulus.

ROUVIÈRE (LA)

(Canton et arrondissement de Mende)

Cette commune, située à la limite des terrains calcaires et des terrains granitiques, possède trois dolmens : un en calcaire et deux en granite.

Dolmen de la Rouvière. — Ce dolmen, dont les pierres sont en calcaire, se trouve sur le versant où est placé le village de la Rouvière, au S. de ce village. En 1839, sa table était déjà brisée en trois morceaux considérables et le support du fond affaissé et incliné. (Ignon).

Dolmen des Salses. — A l'E. de la Rouvière et à peu de distance au N.-E. des Salses, à quelques mètres en contre-bas à droite de la grande route de Mende à Châteauneuf-de-Randon, sur la rive droite d'un petit vallon qui verse ses eaux dans le ruisseau de Lesclaneide, on voit un assemblage de blocs de granite, qui a tout l'air d'avoir été arrangé par l'homme. Une énorme pierre, plate en dessous et bombée en dessus, paraît avoir reposé sur d'autres pierres plantées en terre, de manière à former une sorte d'abri. Cette table, qui mesure 3ᵐ 25 de longueur, 3ᵐ 20 de largeur et à peu près 1 mètre dans sa plus grande épaisseur, s'est légèrement déplacée et inclinée vers l'E. Les supports ont de 40 à 90 centimètres d'épaisseur. Les deux principaux forment au N. un angle aigu, mais ils pourraient bien ne pas être dans leur position primitive. Ils dépassent actuellement la terre de 1 mètre et 1ᵐ 70. Leur longueur est de 1ᵐ 80 et 2 mètres.

[Fig. 35, p. 39, et Planche III, Fig. 1].

Dolmen de Pelouse. — A un peu plus d'un kilomètre au N. du village de Pelouse, dans un pacage, au bord et sur la rive gauche du ruisseau de la Longe, s'élève un dolmen en granite de forme assez irrégulière. On dit dans le pays, que l'on a trouvé dans ce monument des haches polies en pierre. La table est un énorme bloc, mesurant 5 mètres de longueur, 2^{m}80 dans sa plus grande largeur et de 1 mètre à 1^{m}50 d'épaisseur. A sa surface se

Fig. 35. — Plan du dolmen des Salses, à La Rouvière. Échelle : 1/100.

voit une cuvette naturelle de forme ovale, que deux rigoles artificielles font communiquer avec le bord O.-N.-O. Cette

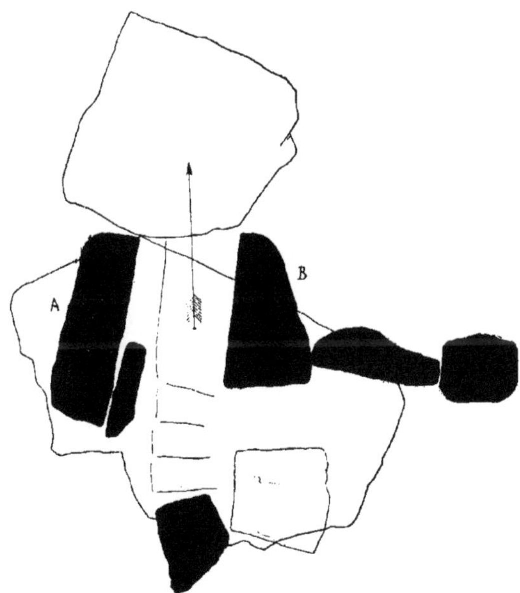

Fig. 36. — Plan du dolmen de Pelouse, à La Rouvière. Échelle : 1/100.

table repose sur des supports dépassant terre de 65 à 90 centimètres. Deux de ces supports, à peu près parallèles et mesurant l'un 2ᵐ 40 de long sur 72 centimètres de large (A), l'autre 2 mètres de longueur sur 1 mètre de largeur dans sa partie la plus large (B), forment une allée

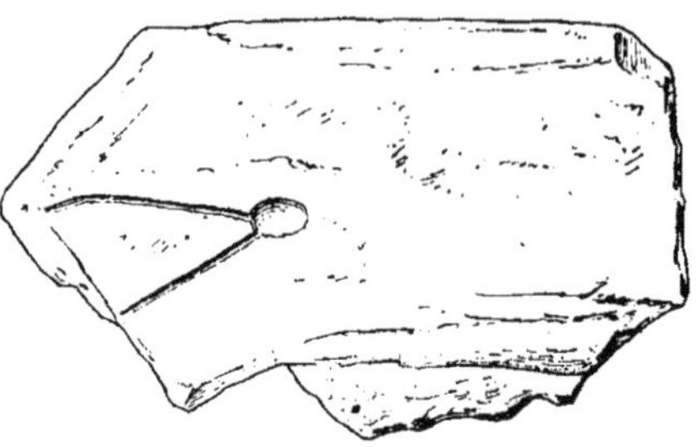

Fɪɢ. 37. — Table du dolmen de Pelouse, à La Rouvière (Vue du dessus). Échelle : 1/100.

de 1ᵐ 30 de largeur. Sous la table se trouvent des blocs dont il est difficile de se rendre compte de la position primitive, le monument ayant été un peu bouleversé. Au N. et touchant presque l'extrémité du support A, est une grande dalle mesurant environ 3 mètres sur 3 mètres. Cette pierre, qui gît actuellement à terre, a probablement fait partie du dolmen. Les matériaux employés se prêtaient peu, par leur forme, à la construction d'un monument bien régulier.

[Fig. 36 et 37, p. 39 et 40, et Planche III, Fig. 2].

SAINT-BAUZILE

(Canton et arrondissement de Mende)

Près du hameau du Falisson, sur le causse de Sauveterre, dolmen dans lequel on aurait trouvé une pointe de lance en silex, un caillou ovoïde en quartz et une petite hache polie en pierre verdâtre, objets proposés au Musée de Saint-Germain en 1877.

SAINT-CHÉLY-D'APCHER

(Chef-lieu de canton, arrondissement de Marvejols)

Pierres branlantes sur la montagne. (Joanne : *Géographie de la Lozère*).

SAINT-CHÉLY-DU-TARN

(Canton de Sainte-Énimie, arrondissement de Florac)

Aux environs du village du Mas-Saint-Chély, deux

dolmens fouillés depuis longtemps. (Ferd. André : *Bulletin de la Société d'agriculture de la Lozère*. 1875).

Prunières a signalé un autre dolmen, également sur le causse Méjean, vers Chamblang (Chamblon). Ce monument pourrait bien être, comme le hameau de Chamblon, sur la commune de Sainte-Énimie.

Près du hameau de Carnac, un menhir indiqué par Prunières.

D'après l'*Inventaire des monuments mégalithiques de France*, il y aurait aussi sur la commune de Saint-Chély-du-Tarn un cromlech.

SAINTE-ÉNIMIE
(Chef-lieu de canton, arrondissement de Florac)

Nombreux dolmens sur le causse de Sauveterre et sur le causse Méjean.

Causse de Sauveterre. — Dans les terres de Dinas ou Dignas, grand dolmen voisin d'un tumulus sans mégalithe. La table, cassée par la gelée et enlevée par Prunières, qui a fouillé ce monument, mesurait 5^{m}50 de longueur, 3^{m}25 de largeur et 30 centimètres d'épaisseur. Un menhir précède ce dolmen de quelques centaines de mètres. (Prunières : *Association française, Congrès de Toulouse*. 1887, 2e partie, p. 700).

Un dolmen près du hameau de la Baume. (Ignon).

Un dolmen et un autre présumé à dix pas de distance du chemin de Chaumels à Montredon et à mi-distance environ de chacun de ces deux villages. (Jacques : *Bulletin de la Société d'agriculture du département de la Lozère*. 1866, p. 326).

Deux dolmens, à gauche du chemin allant de Laval-du-Tarn à Mende par Champerboux, à la limite de la commune de Laval, en entrant dans les terres de Roussac. (Jacques : *Bulletin de la Société d'agriculture de la Lozère*. 1866, p. 326).

Un dolmen, détruit au commencement du xixe siècle pour être employé à la construction d'une maison, était placé au village de la Périgouse. (Ignon).

Trois dolmens, près du village de Sauveterre. (Prunières).

Deux dolmens dans les environs de Champerboux. L'un d'eux est à 1 kilomètre à l'O. du village de Champerboux, à côté de l'ancien chemin de La Canourgue Il a été fouillé. La table a disparu. Les supports mesurent 2^{m}73 de long. L'entrée du monument a 1^{m}20 de largeur. Le tertre dans lequel il repose a 20 mètres de diamètre.

A 21 mètres de ce monument, se trouve un cercle de pierres brutes assez rapprochées. Cette enceinte, appelée l'*Aire des Trois Seigneurs*, a un diamètre de 93 mètres environ. Dans le voisinage se trouvent divers tumulus et des parties d'autres enceintes ou cromlechs. (*Bulletin de la Société d'agriculture de la Lozère*, 1871, p. 105).

Causse Méjean. — Un dolmen au village de Champblanc ou Chamblon. Ce monument, indiqué par Ignon, est peut-être le même que celui indiqué par Prunières sur la commune de Saint-Chély-du-Tarn.

Ces diverses indications donnent pour la commune de Sainte-Enimie un total de treize dolmens, plus un menhir et aux moins deux cromlechs.

SAINTE-HÉLÈNE

(Canton du Bleymard, arrondissement de Mende)

A un kilomètre environ au N. du village de Sainte-Hélène, sur la rive droite du Lot, au quartier dit *Puech-ouvert* (Montagne découverte), dolmen en granite, appelé selon la tradition locale : *lou Bertel de las Fados* (le Fuseau des Fées). Ce curieux monument occupe une position très pittoresque au-dessus d'un petit plateau calcaire d'où l'on découvre, sur la rive gauche du Lot, au S.-S.-E., le village de Sainte-Hélène et, à l'O., le village de Nojaret, commune de Badaroux. Il est entouré d'un bois de chênes, dans lequel on voit çà et là des masses de rochers granitiques isolées ou superposées. Ce point est dominé au N. par un mamelon calcaire au haut duquel passe la route de Mende à Langogne. Ignon a donné une description assez exacte de ce monument, qui est orienté du S. au N. et adossé à l'O.

contre une masse de granite posée verticalement par la nature. La table, énorme dalle de forme à peu près carrée, mesure 3ᵐ 70 de longueur d'un côté, 3 mètres de longueur du côté opposé, 3 mètres de largeur et de 80 centimètres à

Fig. 38. — Plan du dolmen du Puech-ouvert, à Sainte-Hélène.
Échelle : 1/100.

1ᵐ 80 d'épaisseur. Elle est appuyée, à l'O., contre le rocher dont il a été question plus haut et repose, à l'E. et au N., sur des blocs de granite de formes assez irrégulières. L'entrée de la chambre regarde le S. Elle a environ 1ᵐ 20 de largeur et 1ᵐ 20 de hauteur. Au fond de la chambre, l'élévation intérieure est de 1ᵐ 40. Une partie seulement des matériaux dont est composé ce dolmen semble avoir été remuée par l'homme. Le reste était très probablement déjà en place avant sa construction.

La masse qui a donné son nom au monument et qui forme la paroi O. de la chambre a extérieurement plus de 9 mètres de hauteur à partir du sol, tandis qu'elle ne

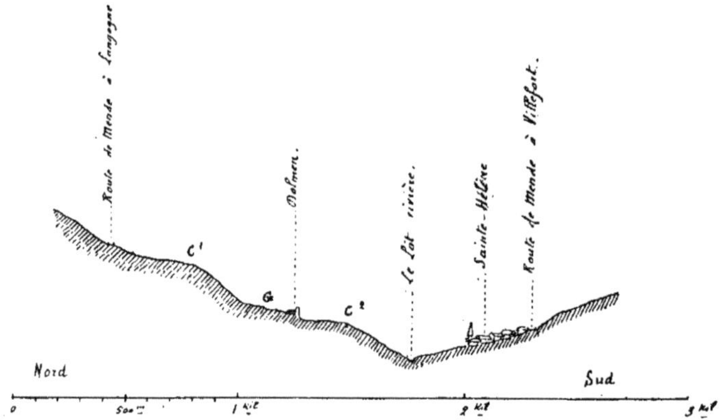

Fig. 39. — Situation du dolmen du Puech-ouvert.
C¹ et C² = Calcaire. — G. = Granite.

mesure que 3ᵐ 80 au-dessus du sol, du côté opposé, sur lequel s'appuie la table. Sa plus grande largeur est de 3ᵐ75 et sa plus grande épaisseur, de l'E à l'O., est d'au moins 4 mètres. Ce rocher s'élève à 1ᵐ70 au-dessus de la table, qu'il dépasse en avant de 1ᵐ15.

Le dolmen de Puech-ouvert a été fouillé. On a trouvé dans l'intérieur des ossements humains.

[Fig. 38 et 39, p. 43 et 44, et Planche IV, Fig. 1].

SAINT-FRÉZAL-D'ALBUGES

(Canton du Bleymard, arrondissement de Mende)

A 357 mètres du village des Chazeaux, un dolmen en granite. Le champ où il se trouve s'appelle *lou Peyrallias*. Ce monument est à 10 ou 12 mètres d'un moulin. On lui donne dans le pays le nom de *Palet de Gargantua*. Il a été fouillé et la pierre qui le recouvrait a été tirée par des bœufs et renversée. Cette table, de forme ovale, mesure 3ᵐ42 de longueur sur 2 mètres de largeur et 72 centimètres d'épaisseur. On y voit des trous de mine, mais la poudre n'a enlevé que quelques éclats. (Indication de Ferdinand André).

SAINT-GEORGES-DE-LÉVEJAC

(Canton du Massegros, arrondissement de Florac)

Il y aurait sur cette commune dix dolmens d'après *l'Inventaire des monuments mégalithiques de France.*

Un dolmen situé près du village de Saint-Georges a été fouillé par L. de Malafosse.

Deux ou trois dolmens tous vidés, dont un très beau, se trouvent aux environs du village de Soulages. (Prunières).

Un dolmen, portant le nom de *lou Geoyon* (le Géant), sur la localité dite du Malpas et un dolmen au lieu dit *la Dévèze.* (Bosse : *Dolmens du causse de Saint-Georges-de-Lévejac.* Dans *Bulletin de la Société d'agriculture du département de la Lozère.* 1865, p. 413).

SAINT-PIERRE-DES-TRIPIERS

(Canton de Meyrueis, arrondissement de Florac)

Un dolmen portant le nom de *Clapas de las Fados* ou *Mascos* et un autre dolmen détruit. (Prunières).

SAINT-PIERRE-LE-VIEUX

(Canton du Malzieu-Ville, arrondissement de Marvejols)

Une carte postale illustrée, éditée par E. Carrère, imprimeur à Rodez, nous a révélé l'existence, sur la commune de Saint-Pierre-le-Vieux, d'un monument mégalithique, qui, à notre connaissance, n'avait pas encore été signalé. C'est, d'après la vue photographique représentée sur cette carte, un gros bloc dressé, de forme assez régulière et légèrement conique, rappelant un peu les beaux menhirs de Bretagne. Auprès de lui gisent un certain nombre d'autres pierres de moindres dimensions. Ce menhir se trouverait à proxi-

mité de Mazeyrac, petit hameau sans importance situé à
environ 4 kilomètres à l'O.-N.-O. du Malzieu-Ville, dans
la partie granitique du département de la Lozère, non loin
des confins de celui du Cantal.

SAINT-PRÉJET-DU-TARN

(Canton du Massegros, arrondissement de Florac)

L'abbé Solanet a signalé une vingtaine de dolmens sur le
plateau qui domine le village des Vignes. Ces monuments
qui portent le nom de *lou Geoyon* (le Géant) ou *Peyro
geoyondo* (Pierre géante) auraient tous été fouillés. Ils se
trouvent sur la partie du causse Méjean appartenant à la
commune de Saint-Préjet.

SAINT-ROME-DE-DOLAN

(Canton du Massegros, arrondissement de Florac)

Sur le causse de Sauveterre, à la limite du département
de l'Aveyron du côté de Bombes, plusieurs beaux dolmens,
dont deux sont situés, l'un à droite et l'autre à gauche, sur
le bord de la route départementale n° 2. Celui de gauche
servait d'abri aux cantonniers. (Prunières).

M. Monastier, maire de Banassac, dit avoir vu il y a une
vingtaine d'années, en chassant, un très beau dolmen sur
la commune de Saint-Rome. La table de ce dolmen devait
avoir, d'après ses souvenirs, 6 à 7 mètres de long.

SAINT-SATURNIN

(Canton de La Canourgue, arrondissement de Marvejols)

Sur le promontoire élevé appelé la Marconière, qui
domine la vallée du Lot et qui fait partie du causse désert
de Saint-Saturnin, deux dolmens, un assez grand et un plus
petit, situé à 2ᵐ 75 du premier. Ils devaient être sous le
même tumulus. Ces deux dolmens ne sont plus couverts.
Les supports du grand ont près de 1ᵐ 50 de hauteur.

A environ 2 kilomètres de ces dolmens, sur le causse

du Montet, près de la propriété de M. Labeaume, à la séparation du village des Rouges-Parets et de celui de Saint-Saturnin, autre dolmen sans couverture. (Ignon et Prunières).

Suivant M. Monastier, il existerait encore sur le causse de Saint-Saturnin un dolmen recouvert de sa table et en bon état.

SALSES (LES)

(Canton de Saint-Germain-du-Teil, arrondissement de Marvejols)

Au S.-E. des Salses, se trouve le hameau de Pierrefiche, dont le nom semble indiquer l'existence d'un menhir.

TIEULE (LA)

(Canton de La Canourgue, arrondissement de Marvejols)

Cette commune, entièrement située sur le causse de Sauveterre, à la limite du département de l'Aveyron, compte, suivant Prunières, une dizaine de dolmens, répartis sur les terroirs des villages de la Tieule, de Malevieilhette ou Malevialette, de la Fagette et du Lébous. Les dolmens du Lébous sont sur la même ligne que les dolmens aveyronnais de Cannac, voisins de ceux du Mas de Cannac, d'Aygues-Vives et d'Altes.

Quelques-uns de ces monuments, qui portent dans le pays le nom de *Cibournios*, sont assez beaux. Un d'eux, situé près du village de la Tieule, était enseveli sous un tas de pierres ; on ne voyait que la table et l'ouverture.

VEBRON

(Canton et arrondissement de Florac)

M. Hermantier a signalé sur cette commune un dolmen, situé sur le causse Méjean à 300 mètres au N.-E. de Crosgarnon, dans une propriété de M. Sanguinède, maire de Vebron. La chambre, creusée dans le roc sur une éminence, était recouverte d'une pierre de 3 mètres de long sur 1^m 50 de large. Un maçon employé à la reconstruction du mur de clôture d'un jardin contigu au presbytère a brisé la pierre en trois morceaux. Cette pierre portait des figures gravées avec une certaine habileté. Un des fragments montrerait dans la maçonnerie le côté gravé apparent. S'agit-il véritablement d'un dolmen, taillé dans la roche en place comme les allées couvertes du Castellet, près d'Arles, ou tout simplement d'un caveau plus récent? Les renseignements que nous possédons ne sont point assez précis pour permettre de trancher la question. (*Bulletin de la Société d'agriculture de la Lozère*. 1862).

Un menhir a été indiqué sur cette commune. Ce serait, suivant une autre indication, des pierres naturelles empilées, affectant la forme d'un fuseau.

VILLARD (LE)

(Canton de Chanac, arrondissement de Marvejols)

Deux dolmens sur le causse du Sabatier. (Prunières).

INVENTAIRE DES MONUMENTS MÉGALITHIQUES

DU DÉPARTEMENT DE LA LOZÈRE

Communes	Dolmens	Menhirs
Allenc	1	—
Auxillac	5	—
Balsièges	11	—
Banassac	4	—
Barjac	—	1
Born (Le)	1	—
Canourgue (La)	5	—
Capelle (La)	2	—
Chanac	20	1
Chasseradès	2	—
Chastel-Nouvel	1	—
Chirac	3	—
Cocurès	1	2
Cultures	1	—
Esclanèdes	3	—
Florac	1	—
Gabrias	2	—
Grézes	2	—
Hures	8	1
Lanuéjols	3	—
Laval-du-Tarn	20	—
Malène (La)	1	—
Marchastel	2	—
Marvejols	5	—
Massegros (Le)	10	—
Mende	1	—
Meyrueis	2	2
Monastier (Le)	1	—
Montrodat	4	—
Palhers	3	—
Parade (La)	3	—

Communes		
Pierrefiche	1	1
Pin-Moriès	1	—
Prades	1	—
Puylaurent	1	—
Recoules-d'Aubrac	1	1
Recoux (Le)	6	—
Rouvière (La)	3	—
Saint-Bauzile	1	—
Saint-Chély-du-Tarn	3	1
Sainte-Enimie	13	1
Sainte-Hélène	1	—
Saint-Frézal-d'Albuges	1	—
Saint-Georges-de-Lévejac	10	
Saint-Pierre-des-Tripiers	2	—
Saint-Pierre-le-Vieux	—	1
Saint-Préjet-du-Tarn	20	—
Saint-Rome-de-Dolan	3	—
Saint-Saturnin	4	—
Salses (Les)	—	1
Tieule (La)	10	—
Vebron	1	1
Villard (Le)	2	—
Totaux pour le département	213	14

PIERRES DIVERSES

Communes	Pierres branlantes	Pierres à bassins	Cromlechs
Châteauneuf-de-Randon	1	—	—
Fau-de-Peyre (Le)	1	—	...
Grandrieu	—	1	—
Saint-Chély-d'Apcher	2	—	—
Saint-Chély-du-Tarn	—	—	1
Sainte-Enimie	—	—	2
Totaux pour le département	4	1	3

RÉCAPITULATION

Cantons	Dolmens	Menhirs
Bleymard (Le)	5	—
Châteauneuf-de-Randon	1	1
Mende	21	—
Villefort	1	—
Totaux pour l'arrondissement de Mende	28	1
Canourgue (La)	50	—
Chanac	26	2
Malzieu-Ville (Le)	—	1
Marvejols	16	—
Nasbinals	3	1
Saint-Germain-du-Teil	5	1
Totaux pour l'arrondissement de Marvejols	100	5
Florac	3	3
Massegros (Le)	49	—
Meyrueis	15	3
Sainte-Enimie	18	2
Totaux pour l'arrondissement de Florac	85	8

CONSIDÉRATIONS GÉNÉRALES

SUR LES

MONUMENTS MÉGALITHIQUES DE LA LOZÈRE

———

I. — NOMBRE

Ainsi qu'on vient de le voir par l'inventaire qui précède, les dolmens abondent dans le département de la Lozère.

Dans la liste qu'il a publiée en 1864, Alexandre Bertrand [1] en indique 19. Une seconde liste [2], parue en 1875, porte, d'après des renseignements fournis par Prunières, leur nombre à 155, répartis sur 36 communes du département. De son côté, G. de Mortillet n'arrive qu'à un total de 135 dolmens sur la carte préhistorique de la France qu'il a dressée pour la *Géographie* de Reclus [3], mais il convient d'ajouter qu'il a éliminé de ce total les monuments sur lesquels il manquait d'indications précises.

L'*Inventaire des monuments mégalithiques de France*, publié en 1880 par les soins de la Sous-Commission des monuments mégalithiques, donne, sur 42 communes : 164 dolmens, 3 menhirs, 1 cromlech et une pierre branlante.

Nous avons obtenu depuis [4], en complétant ces inven-

1. A. BERTRAND : *De la distribution des dolmens sur la surface de la France.* 1864.
2. A. BERTRAND : *Archéologie celtique et gauloise.* 1876.
3. ELISÉE RECLUS : *Nouvelle géographie universelle.* Vol. II. France. 1877.
4. A. DE MORTILLET : Carte figurant dans le livre de vulgarisation de Henri du Cleuziou, *La Création de l'homme*, 1887. — Carte établie pour l'Exposition universelle de 1900. — *Distribution géographique des dolmens et des menhirs en France.* 1901.

MÉGALITHES DE LA LOZÈRE

MÉGALITHES DE LA LOZÈRE

taires, des chiffres encore plus élevés : 213 dolmens et 13 menhirs. Ces chiffres n'ont guère été dépassés dans le présent travail, dont les totaux sont : 213 dolmens, 14 menhirs, 3 cromlechs, 4 pierres branlantes, 1 pierre à bassin.

En ce qui concerne les dolmens, la Lozère, avec ses 213 monuments, occupe parmi les départements français le 6e rang. Elle vient immédiatement après l'Aveyron (487), l'Ardèche (400), le Morbihan (310), le Lot (285) et le Gard (224), et avant le Finistère (177), les Côtes-du-Nord (144) et l'Hérault (133).

Beaucoup moins bien partagée en fait de menhirs, elle n'occupe à cet égard que le 40e rang, avec 14 monuments. Le nombre des menhirs signalés dans les départements voisins est de : 38 pour le Gard, 26 pour le Cantal, 25 pour l'Aveyron, 11 pour la Haute-Loire et 8 pour l'Ardèche.

Les chiffres que nous donnons sont certainement au-dessous de la vérité, même en admettant qu'ils comprennent quelques indications douteuses ou erronées

D'une part, nous n'avons pas fait entrer en ligne de compte, dans le total des dolmens, un certain nombre de cistes ou coffres en pierres brutes, tels que ceux dont la présence a été constatée sur les communes de Chanac, de Laval-du-Tarn et du Monastier. Ces petites constructions, qui ne sont pas rares dans la Lozère, ne diffèrent cependant en rien des dolmens, quoique de faibles dimensions.

D'autre part, dans des régions aussi peu peuplées et aussi rarement parcourues que le sont les *causses*, ces arides plateaux calcaires de la Lozère et de l'Aveyron, bien des monuments ont dû échapper aux recherches des palethnologues. Il est, enfin, plus que probable que, là comme partout ailleurs, un grand nombre de mégalithes ont dû disparaître sans laisser de traces apparentes ou reconnaissables.

II. — Distribution

Sur les 197 communes que compte la Lozère, 53, soit plus du quart, possèdent des monuments mégalithiques.

Il y a des dolmens dans 50 communes et des menhirs dans 12.

Ces monuments sont très inégalement distribués sur la surface du département. Comme le dit très justement Prunières, c'est dans les parties les plus stériles et les moins habitées que se rencontrent de préférence les dolmens. Il n'est pourtant pas absolument exact qu'ils soient, ainsi qu'il l'affirme, limités à la région des *causses*. Certes, la plupart d'entre eux se montrent sur les plateaux calcaires qui occupent le sud-ouest de la Lozère et dans les vallées qui les séparent, mais il en a également été signalé quelques-uns en dehors de cette région, dans la partie granitique qui forme la moitié septentrionale du département. Les monuments de Recoules-d'Aubrac et Marchastel, au nord-ouest, ceux de Pierrefiche et de Puylaurent, à l'est, sont dans ce cas.

Parmi les 213 dolmens indiqués, 172 sont situés sur les causses mêmes. Ils se répartissent de la façon suivante :

Causse de Sauveterre	113
— Méjean	40
— de Changefége	10
Divers petits causses	9

Les 41 autres occupent des situations très variées. Celui de Grèzes, à Banassac, par exemple, se trouve à mi-hauteur entre le fond de la vallée et le sommet du causse.

Quant aux menhirs, ils sont très disséminés. On en a signalé aussi bien sur les terrains granitiques que sur les terrains calcaires.

III. — Formes et dimensions

Les dolmens en calcaire de la Lozère sont très simples. Ils consistent presque tous en une chambre rectangulaire, dont les parois sont généralement formées de trois ou quatre supports et la toiture d'une seule table. Chacun des deux grands côtés est constitué par une longue dalle plantée de champ ; le fond et, parfois aussi, l'entrée sont fermés par une dalle plus courte, placée entre les premières. ou bien par un mur en pierres sèches [1].

On rencontre pourtant des monuments possédant un plus grand nombre de supports. Le dolmen du Chardonnet, à Auxillac, et le dolmen de la Galline, à Banassac. par exemple, ont un de leurs grands côtés composé de deux supports. Celui de la Noujarède, à Chanac, a même deux supports à chacun de ses côtés latéraux.

Il est très rare que les entrées soient placées dans l'axe de la chambre. Elles sont d'ordinaire situées à l'extrémité d'un des grands côtés, et toujours du même côté, comme on le voit sur les plans des dolmens nos 1, 3 et 4 de Grand-Lac, à Laval-du-Tarn (Fig. 26, 27 et 28).

On rencontre aussi sur les causses un type d'une disposition spéciale, dans lequel l'entrée latérale est précédée d'une sorte de petit vestibule. Le dolmen no 1 de Change-fége, à Balsièges (Fig. 2), en fournit un excellent exemple. Assez fréquemment ce vestibule, au lieu d'être perpendiculaire à la longueur de la chambre, occupe une position oblique par rapport à son grand axe, comme dans le dolmen no 1 de la Rouvière, à Chanac (Fig. 12), et un certain nombre d'autres. C'est là un mode de construction local, qu'on retrouve sur les causses voisins du département de l'Aveyron, mais que nous n'avons pas observé sur les plateaux calcaires de l'Hérault.

Il n'y a aucune orientation fixe. Un point très limité peut présenter des directions assez variées, ainsi qu'il est facile de s'en rendre compte sur le plan du groupe de Grand-Lac, sur les confins des communes de Chanac et Laval-du-Tarn (Fig. 20). Cependant les entrées sont le plus souvent tournées du sud à l'est.

Les dolmens lozériens n'atteignent jamais les imposantes dimensions des allées couvertes du bassin de la Seine et des monuments mégalithiques de la Bretagne. Ce qu'on appelle dans la Lozère un grand dolmen serait pour ces régions un petit monument.

---

1. Ces murs en pierres brutes superposées sont dans certains cas de construction récente. Dressés par les bergers qui cherchent dans les dolmens un abri contre la pluie, le vent ou le soleil, ils remplacent souvent des dalles détruites par les fouilleurs.

Les chambres des beaux dolmens ont intérieurement, comme dimensions ordinaires : 3 mètres de longueur et de 1 ᵐ 20 à 1 ᵐ 30 de largeur, sur 1 ᵐ 50 de hauteur. Quelques-unes seulement ont des dimensions un peu plus considérables. Le dolmen de la Noujarède, à Chanac, le plus long que nous connaissons dans le département, a une chambre de 7 mètres sur 1ᵐ 30. La largeur de la chambre atteint parfois 1ᵐ 50 et la hauteur dépasse très rarement 1ᵐ 60. Les supports latéraux sont toujours fortement inclinés l'un vers l'autre. Par suite, la largeur diffère très sensiblement, selon qu'elle est prise dans le haut ou dans le bas. Ainsi, à Balsièges, la largeur intérieure de la chambre du dolmen n° 1 de Changefége est au niveau de la table moitié moindre qu'à la base (Fig. 3).

Ces monuments sont composés de plaques de calcaire de grandeur fort variable, ayant de 10 à 60 centimètres d'épaisseur. On peut citer, parmi les plus grandes, la dalle de 4 ᵐ 80 de longueur qui forme la paroi sud-ouest du grand dolmen de Chirac.

Il arrive rarement que les dalles formant les deux parois latérales soient égales, non seulement comme épaisseur, mais encore comme longueur.

Chez les pierres servant de support aussi bien que chez celles employées comme tables, on remarque que c'est en général la face la plus plane qui a été placée du côté intérieur de la chambre.

A côté des grands dolmens, se voient aussi, comme dans le groupe de Grand-Lac, des petits coffres faits de minces plaquettes de pierre, constructions identiques aux autres, mais de dimensions très réduites. Quelques-uns d'entre eux ne mesurent que 60 centimètres de longueur sur 40 de largeur.

Tous ces caveaux funéraires ont été primitivement recouverts de tumulus composés de fragments de pierre empruntés, comme les gros matériaux, au sol environnant. Il en reste encore de nombreuses et importantes traces.

Dans la région granitique, les monuments mégalithiques présentent un aspect tout différent. Les matériaux, dont sont formés les dolmens peu nombreux qui y ont été signalés, ont une régularité beaucoup moins grande et atteignent

parfois des proportions plus considérables. Le bloc de granite qui sert de couverture au dolmen de Pelouse, à La
Rouvière, a plus de 5 mètres de longueur.

IV. — AGE

La plupart des dolmens de la Lozère ont été fouillés et,
l'on peut ajouter, plus ou moins saccagés. Prunières, qui
pour sa part en a bouleversé une bonne quantité, sans se
soucier de relever des plans et des coupes de ces monuments,
nous apprend que, malgré l'exiguïté de leurs dimensions,
presque tous renferment, dans la couche inférieure de rem-
plissage de la chambre, les restes d'un certain nombre d'individus. Ce n'est qu'exceptionnellement que quelques-uns
d'entre eux ne contiennent qu'un seul squelette.

Suivant lui, tous les corps n'auraient pas été placés
simultanément dans les sépultures où nous retrouvons leurs
débris. « Le plus souvent, dit-il, on ne trouve qu'un seul
squelette dont les os soient dans leurs rapports naturels ;
c'est celui du dernier sujet déposé dans le tombeau. Il
m'est cependant quelquefois arrivé de rencontrer deux
sujets, et, dans un cas unique, trois squelettes en position ».
« A chaque enterrement une place était préparée pour le
nouveau mort ». Ces très justes observations s'appliquent
d'ailleurs, d'une manière générale, aux dolmens de tous les
pays. C'étaient tout à la fois des cimetières, des charniers et
des ossuaires, dans lesquels on a déposé durant de longs
siècles des cadavres d'individus de tout âge et de tout
sexe. Dans le grand dolmen du Monastier, Prunières a
reconnu, d'après les humérus, la présence d'au moins
62 squelettes. Parmi les petits monuments du groupe de
Grand-Lac, si beaucoup ne contenaient qu'un corps, cou-
ché sur le côté droit, dans une position accroupie, il y en
avait également qui recélaient les restes de plusieurs
sujets.

Le sol de la chambre était généralement garni d'un dallage de minces plaquettes de calcaire. Souvent aussi il
existait un second dallage, disposé au-dessus de la couche
archéologique.

Aux restes humains qui gisaient dans la couche à ossements étaient associés divers objets d'industrie. Ils appartiennent en majeure partie à la période néolithique et consistent principalement en : pointes de flèches et lames de poignards en silex, d'un travail très soigné ; haches polies de très petites dimensions, en jadéite et fibrolite ; perles et pendeloques diverses en os, en calcaire, en lignite et en jais ; coquilles et dents percées d'un trou de suspension ; rondelles craniennes, poinçons en os, vases en terre et fragments de poterie grossière.

Certains dolmens ne contenaient que des objets néolithiques. Des petits dolmens du groupe de Grand-Lac, fouillés par Prunières, un seul a donné un objet en métal.

Dans d'autres monuments, on a recueilli, mêlés aux pièces en silex, quelques objets en métal : pointes de flèches, poinçons, anneaux, perles, etc. Ces objets sont-ils en bronze ou tout simplement en cuivre, comme on serait tenté de le croire d'après la couleur rougeâtre de plusieurs d'entre eux ? L'analyse du métal pourrait seule permettre de trancher d'une manière sûre la question. Quoi qu'il en soit, cette industrie se rattache au commencement de l'âge du bronze, ou, si l'on préfère, à la période de transition entre la pierre et le bronze, nommée par Ernest Chantre *Cébennien* et par Paul Reymond, *Durfortien*.

On a aussi découvert dans quelques dolmens de la Lozère des bracelets en fer, des morceaux de poterie rouge lustrée d'époque romaine et jusqu'à une boucle de ceinturon en bronze d'origine mérovingienne. Mais ces divers objets ne sont pas contemporains des monuments dans lesquels on les a récoltés. Leur introduction est due à des violations plus ou moins récentes.

En somme, de l'exploration des dolmens lozériens, il résulte qu'ils peuvent, dans leur ensemble, être regardés comme datant des temps néolithiques. Si l'on a trouvé du cuivre ou du bronze mélangé à l'industrie de la pierre dans un certain nombre d'entre eux, cela tient sans doute à ce que l'on a continué à enterrer les morts dans ces tombeaux après l'apparition du métal. Rien ne prouve que l'on ait élevé des dolmens spéciaux à l'âge du bronze. Bien au contraire, selon L. de Malafosse, qui était un bon observateur,

certains indices tendraient à démontrer que, dans quelques-
uns de ces caveaux, les premiers ensevelissements seraient
antérieurs à l'arrivée du bronze dans le pays.

Sur divers points des causses, à côté des dolmens, se
voient des tumulus ne recouvrant aucune construction
mégalithique et contenant des sépultures qui remontent à
l'âge du bronze et au premier âge du fer.

V. — Noms

Malgré leurs modestes proportions, dans la Lozère, comme
partout ailleurs, les monuments mégalithiques sont fré-
quemment attribués par la tradition populaire à des géants.
Nous avons vu à Balsièges, à Saint-Georges-de-Lévejac, à
Saint-Préjet-du-Tarn des dolmens et à Chanac un menhir
appelés le Géant (*lou Geion* ou *Geoyon*). Il y a aussi : le Lit
du Géant (*Liech del Gean*), à Allenc ; la Grotte des Géants
(*Baoumo des Geons*) et la Tuile de la Géante (*Tioulo de la
Geonto*), à Balsièges ; le Tombeau du Géant, à Marvejols.
Deux autres dolmens, un à Puylaurent et un à Saint-
Frézal-d'Albuges, portent le nom de : Palet de Gargantua.

Puis viennent les Fées, qui jouent également un rôle
important. Le dolmen de Saint-Hélène est nommé : le
Fuseau des Fées (*Bertel de las Fados*) ; un de ceux qui ont
été indiqués sur le territoire de Marvejols : la Cave aux
Fées ; un troisième, à Saint-Pierre-des-Tripiers : le Clapier
des Fées (*Clapas de las Fados*), également connu sous le
nom de Clapier des Magiciennes ou Sorcières (*Mascos*).

La Tombe des Anglais, au Monastier, rappelle le souve-
nir fortement enraciné des ravages commis par ces derniers
dans la contrée, au xive siècle.

A La Tieule et dans les environs, les dolmens reçoivent
le nom de *Cibournios*, appellation qui semble avoir
quelque rapport avec le vieux mot *cibory*, signifiant char-
nier.

Dans d'autres endroits on les appelle des *Chazelles*
(Maisonnettes). Nous avons cité, entre autres, la *Chazelle
de Notre-Dame*, à Chirac.

On désigne encore les dolmens sous le nom de *Tombeaux
des Poulacres*. Ce dernier mot semble être synonyme de
Polacre (Polonais).

Les menhirs portent parfois le nom de *Peyre plantade*
(Pierre plantée).

Quant aux dénominations très pittoresques de Rendez-
vous de la Magie et de Repas des Magiciens, données par
Prunières à des dolmens qu'il a fouillés dans le voisinage de
Marvejols, elles ne nous inspirent qu'une médiocre con-
fiance. Ces noms étaient totalement ignorés de toutes les
personnes que nous avons pu interroger dans le pays.

MONUMENTS A CONSERVER

Si la Lozère est un de nos départements les plus riches
en monuments mégalithiques, elle est aussi un de ceux où
ils ont le plus souffert.

Bon nombre ont fini par tomber en ruine sous l'action du
temps. D'autres ont été brisés, dénaturés ou complètement
rasés par les gens du pays. Mais ce sont les fouilleurs qui
ont commis le plus de dégâts ; ils semblent avoir pris plai-
sir à hâter leur destruction. Pour éviter tout danger et
pouvoir travailler plus à leur aise dans les chambres, ils
ont presque partout déplacé ou cassé les tables qui les
recouvraient. Une cartouche de poudre ou de dynamite
avait facilement raison de ces fragiles dalles de calcaire.

La conservation de ces monuments est, du reste, difficile
à assurer. Sur les terrains jurassiques, où ils se rencontrent
surtout, les dolmens sont en calcaire assez tendre. Une fois
dégagés du tumulus qui les protégeait, les matériaux dont
ils sont composés s'effritent et l'édicule ne tarde pas à
s'effondrer. Pour les conserver, il faudrait les recouvrir.

Quelques-uns seulement sont en pierre plus résistante,
sorte de calcaire cristallin très dur, appelé dans le pays :
roquet. Ceux-ci peuvent encore braver pendant une longue
série d'années les outrages du temps.

Les monuments en granite, roche encore moins altérable, sont malheureusement peu nombreux dans la Lozère et ils ne présentent pas des formes très caractéristiques.

Parmi les mégalithes en plus ou moins bon état qu'il serait désirable de chercher à conserver, nous pouvons indiquer les suivants :

1° Le grand dolmen de Chirac, monument à peu près complet. (Calcaire dur).

2° Le dolmen de la Galline, à Banassac, dont la table, quoique brisée, est encore en place. (Calcaire dur).

3° Le grand dolmen du Chardonnet, à Auxillac, intéressant par les restes encore visibles de son vestibule ; les fragments de la table, qui reposent actuellement sur un des côtés, pourraient être remis en place. (Calcaire).

4° Le dolmen n° 1 de Changefége, à Balsièges, assez complet et ayant encore une grande partie de son tumulus. (Calcaire).

5° Le dolmen de l'Aumède-Bas, à Chanac. bien que ses supports ne soient pas d'une grande solidité. (Calcaire).

6° Le dolmen du Monastier, fort délabré, et le camp au milieu duquel il se trouve. (Calcaire).

7° Le dolmen de Pelouse, à la Rouvière. (Granite).

8° Le dolmen du Puech-ouvert, à Sainte-Hélène, curieux amoncellement de blocs de granite.

9° Le menhir de Pierrefiche. (Granite).

Il est permis d'espérer que l'on découvrira par la suite de nouveaux monuments en bon état, pouvant grossir cette liste un peu courte, et que l'on aura pour eux plus de soins que par le passé.

BIBLIOGRAPHIE

J.-J.-M. IGNON. — *Notice sur les monuments antiques et du moyen âge du département de la Lozère.* 1re partie. *Monuments celtiques.* (Dans : Mémoires de la Société d'agriculture, commerce, sciences et arts de la ville de Mende, 1839-1840, p. 137).

Congrès archéologique de France. 24e session. Mende, 1857.

Bulletin de la Société d'agriculture, industrie, sciences et arts du département de la Lozère :

Tome XI	Année 1839	Page	137
— XIII	— 1862	—	469
— XIV	— 1863	—	295
— XVI	— 1865	—	170 et 413
— XVII	— 1866	—	325
— XXII	— 1871	—	105
— XXV	— 1874	—	5

BOISSONADE. — *Notice sur les monuments de l'époque celtique à Chirac ou dans ses environs.* (Dans : Bulletin de la Société d'agriculture, industrie, sciences et arts du département de la Lozère, 1865, p. 170).

BOSSE. — *Dolmens du causse de Saint-Georges-de-Lévéjac.* (Dans : Bulletin de la Société d'agriculture, etc., du département de la Lozère, 1865, p. 413).

L. DE MALAFOSSE. — *Étude sur les dolmens du département de la Lozère.* (Dans : Mémoires de la Société archéologique du Midi de la France, t. IX, années 1866 à 1871, p. 262. — Revue archéologique du Midi de la France, vol. II, 1867, p. 17. — Bulletin de la Société d'agriculture, industrie, sciences et arts du département de la Lozère, 1870, p. 5).

L. DE MALAFOSSE. — *Notice sur de nouvelles fouilles dans les dolmens de la Lozère,* 1872 (Dans : Bulletin de la Société d'agriculture, industrie, sciences et arts du département de la Lozère, 1874, p. 5).

ANONYME. — *Cromlechs, dolmens et tumuli sur le causse de Sauveterre, commune de Sainte-Énimie.* (Dans : Bulletin de la Société d'agriculture, industrie, sciences et arts du département de la Lozère, 1871, p. 105).

PRUNIÈRES. — *Distribution des dolmens dans le département de la Lozère.* (Dans : La Revue d'anthropologie, t. II, 1873, p. 286).

Prunières. — *Fouilles du dolmen de l'Aumède, sur le causse de Chanac, Lozère.* (Dans : Bulletins de la Société d'anthropologie de Paris, 1876, p. 145).

Prunières. — Communications à l'Association française pour l'avancement des sciences :

Congrès de Bordeaux, 1872, p. 720, 722.
— Lyon, 1873, p. 683.
— Nantes, 1875, p. 882, 914.
— Clermont-Ferrand, 1876, p. 654.
— Le Havre, 1877, p. 675.
— Paris, 1878, p. 879.
— Toulouse, 1887, 1e partie, p. 290; 2e partie p. 678.

Prunières. — Communications à la Société d'anthropologie de Paris :

Bulletins. Année 1868, p. 317 et 404
— — 1870, p. 165
— — 1876, p. 145.

Fernand Delisle et Armand Viré. — *Recherches de préhistoire dans le département de la Lozère.* (Dans : Association française pour l'avancement des sciences. Congrès de Boulogne-sur-Mer, 1889, 2e partie, p. 606).

Inventaire des monuments mégalithiques de France : Lozère, p. 42. (Extrait des : Bulletins de la Société d'anthropologie de Paris, 1880).

Adolphe Joanne. — *Géographie de la Lozère*, Paris, 1885.

Matériaux pour l'histoire primitive et naturelle de l'homme :

Volume III	Année	1867	Page	230 et 485
— V	—	1869	—	42 et 321
— VII	—	1872	—	475
— VIII	—	1873	—	37
— XI	—	1876	—	536
— XVIII	—	1884	—	238

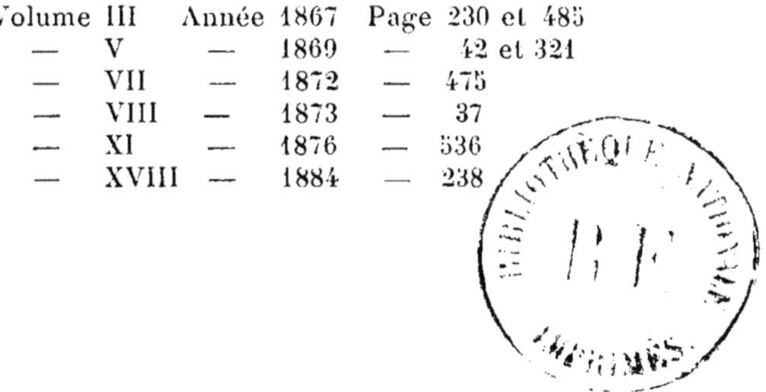

EXPLICATION DES PLANCHES

Pl. I. —. Fig. 1. — Grand dolmen du Chardonnet, à Auxillac. Vue
prise du Sud-Est. Échelle : 1/75.
Fig. 2. — Dolmen de la Galline, à Banassac. Vue prise du
Sud. Échelle : 1/75.
Fig. 3. — Dolmen de Chirac. Vue prise du Sud. Échelle :
1/75.

Pl. II. — Fig. 1. — Dolmen de l'Aumède-Bas, à Chanac. Vue prise
de l'Est. Échelle : 1/75.
Fig. 2. — Dolmen de Rodier, à Chirac. Vue prise du Sud-
Est. Échelle : 1/75.
Fig. 3. — Dolmen du Thord, à Puylaurent. D'après un des-
sin de F. André. Échelle : 1/75.

Pl. III. — Fig. 1. — Dolmen des Salses, à la Rouvière. Vue prise de
l'Ouest. Échelle : 1/75.
Fig. 2. — Dolmen de Pelouse, à la Rouvière. Vue prise
du Sud. Échelle : 1/75.

Pl. IV. — Fig. 1. — Dolmen du Puech-ouvert, à Sainte-Hélène. Vue
prise du Sud-Est. Échelle : 1/75.

Pl. V. — Fig. 1. — Pierre branlante de Châteauneuf-de-Randon
D'après un croquis de C. D. Échelle : 1/75.
Fig. 2 et 3. — Menhir de Pierrefiche. D'après un dessin de
Roux. Échelle : 1/37.

MÉGALITHES DE LA LOZÈRE

MÉGALITHES DE LA LOZÈRE

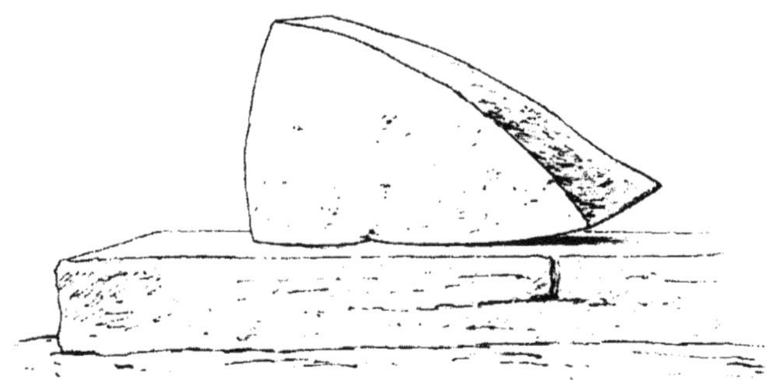

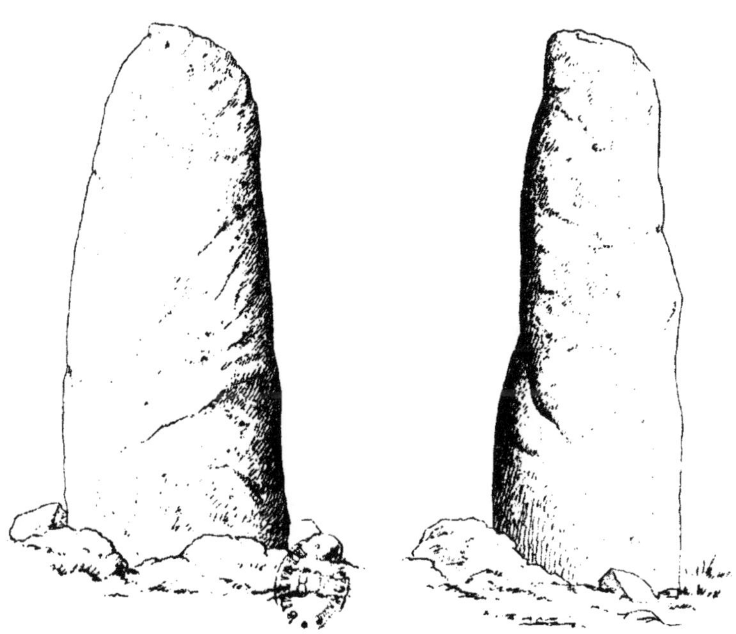

MÉGALITHES DE LA LOZÈRE

LISTE DES FIGURES DANS LE TEXTE

TABLE DES MATIÈRES

MACON, PROTAT FRÈRES, IMPRIMEURS.

www.ingramcontent.com/pod-product-compliance
Ingram Content Group UK Ltd.
Pitfield, Milton Keynes, MK11 3LW, UK
UKHW020614180726
13836UKWH00009B/1490